인구, 주택, 현금에 답 있다

인구, 주택, 현금에 답 있다

초판 1쇄 인쇄   2019년 4월 23일
초판 1쇄 발행   2019년 5월 3일

지은이 오종윤

펴낸이 김찬희
펴낸곳 끌리는책

출판등록 신고번호 제25100-2011-000073호
주소 서울시 구로구 디지털로 31길 20 에이스테크노타워 5차 1005호
전화 영업부 (02)335-6936 편집부 (02)2060-5821
팩스 (02)335-0550
이메일 happybookpub@gmail.com
페이스북 https://www.facebook.com/happybookpub/
블로그 http://blog.naver.com/happybookpub

ISBN 979-11-87059-49-3 03320
값 13,000원

대한민국 50대가 감당해야 할 숫자와 통계 이야기

인구, 주택, 현금에 답 있다

오종윤
지음

끌리는책

숫자와 통계가 알려주는
위기와 기회

우리 삶을 둘러싸고 있는 숫자에 주목하라

미국의 유명한 범죄수사 드라마 〈NUMB3RS〉 얘기다. 주인공 찰리는 복잡하고 어려운 사건들을 다양한 방법으로 해결해나간다. 찰리가 문제해결을 위해 집요하게 매달리는 것은 다름 아닌 숫자다. 그는 일관되게 '숫자는 거짓말을 하지 않는다'라고 주장하면서, 숫자에 숨은 진실을 찾아내고 사건을 해결한다.

나는 대학에서는 경영학을, 석사 과정에서는 경제학을, 박사 과정에서는 소비자학(consumer science)을 전공했다. 첫 직장은 은행이었고, 두 번째는 보험회사였고, 세 번째는 고객의 자산과 재무를 설계하고 관리하는 재무설계 회사를 경영했다. 그리고 현재는 투자와 관련한 일을 하고 있다. 30년 이상 숫자와 관련된 공부를 했고, 각종 통계들을 살폈으며, 숫자와 깊은 연관이 있는 일을 했다. 내가 공부하고 일한 숫자는 사람이 살아가는 데 반드시 필요한 돈과 관련된 숫자였다. 국가 경영, 기업 경영, 가계 경제, 자산 관리 등 모두가 돈을 빼놓고는 이야기할 수 없으며, 결국 숫자를 본다는 것은 돈의 흐름을 파악한다는 의미가 된다. 비단 돈뿐 아니라 인간의 삶 자체가 숫자를 빼고는 설명이 불가능할 정도로 우리는 수많은 숫자를 접하고, 숫자에 휘둘리고, 숫자 덕분에 행복해지기도, 숫자 때문에 불행해지기도 한다.

돈은 우리 삶에서 떼려야 뗄 수 없는 수단이다. 우리는 돈이 많든 적든, 돈에 얽매여 살든 초월해서 살든, 태어난 순간부터 돈이 아니면 할 수 있는 일이 거의 없는 세상에 살고 있다. 우리네 삶의 희로애락도 돈과 관련된 경우가 대부분이다.

이 책에서는 방송과 뉴스, 인터넷에 떠도는 경제와 관련한 숫자와 통계를 어떻게 읽고, 활용하고, 적용할 것인가에 대해 이야기를 하고 싶다. 특히 돈을 둘러싼 우리 환경의 변화를 이야기하면서, 그 환경의 변화 앞에서 어떤 대안을 마련할지에 대해 함께 고민하고자 한다.

통계를 잘 읽으면 세상 변화가 보인다

숫자의 변화는 우리가 물건을 사고팔 때 가장 민감하게 느낄 수 있다. 가격이 싼지, 비싼지, 올랐는지, 내렸는지를 숫자가 바로 알려주기 때문이다. 물건의 가격을 알려주는 숫자를 통해 우리는 어떤 물건을 팔려고 하는 사람이 사려고 하는 사람보다 많으면 가격이 하락하고, 그 반대이면 가격이 올라간다는 사실도 알게 된다. 이것이 바로 수요와 공급의 법칙이다. 이는 자산시장에도 그대로 적용된다.

1억 원짜리 물건이 있다. 그 물건을 사려는 사람이 10명이고 그 물건을 팔려고 하는 사람이 20명이다. 즉 물건을 사고자 하는 사람은 살 수도 있고 사지 않을 수도 있다. 반면에 물건을 팔려는 사람은 반드시 팔아야만 한다. 이런 상황이라면 물건의 가격은 어떻게 될까? 당연히 하락할 것이다. 그렇다면 이 물건의 가격은 얼마나 하락할까? 10%? 30%? 50%? 60%? 70%? 사실 알 수 없다. 하지만 매우 큰 폭으로 하락할 것만은 확실하다.

1970년대 내가 살던 마을에는 50호에 약 400여 명의 사람들이 살았다. 지금은 12호에 20여 명 정도가 살고 있다. 많은 사람들이 집과 땅을 팔고 떠났지만 내 어머니는 여전히 그곳에 살면서 자식들을 맞이해주신다. 이런 시골 마을의 집이나 땅, 논, 밭 등은 요즘 가격이 어떨까? 올랐을까? 내렸을까? 사람들이 떠나고 빈집들은 어떻게 됐을까?

2000년에 태어난 아이들이 2018년에 대학시험을 치렀다. 당시 태어난 아이들은 약 63만 명이었다. 하지만 그 이후에는 매년 40만 명대 수준으로 줄어들었다. 이 아이들이 대학에 들어갈 때는 어떻게 될까? 물론 일부 상위권 대학의 입학 경쟁률은 더 치열해질 수 있다. 하지만 입학하려는 학생 수가 줄어들면서 정원을 못 채우는 대학이 늘어날 수도 있음을 예상할 수 있다. 그러면 정원을 채우지 못한 대학들은 어떻게 대학을 운영하게 될까? 대학 기능을 제대로 할 수나 있을까?

중국 제조업과 우리나라 제조업에서 생산하는 품목은 일치하는 경우가 많다. 철강, 조선, 화학 등이 그렇다. 예전에는 기술력이나 제품이 우수해서 세계 시장에서 경쟁할 수 있었다. 하지만 점점 더 기술 격차가 줄어들고 가격 경쟁에서 중국에 밀리고 있다. 그렇다면 우리나라 제조업의 경쟁력은 떨어질 가능성이 매우 높다. 물론 새로운 시장을 개척하거나 더 나은 제품으로 경쟁할 수 있을 것이다. 하지만 쉬운 일이 아니다. 그렇다면 그런 제조업에 종사하는 직원들의 운명은 어떻게 될까?

30년 후를 생각해보자. 매년 80만 명이 태어나서 살던 집들은 어떻게 될까? 그 집들에 매년 45만 명씩 태어난 세대들이 살게 된다. 집을 부수고 다시 짓는다고 하더라도 마찬가지다. 인구가 줄었으니 집은 당연히 남아돌게 된다. 그럴 경우 집값은 어떻게 될까? 그리고 사람들이 살지 않게 된 집들은 어떻게 될까? 요즘 시골마을을

여행하다 보면 빈집들이 눈에 띈다. 폐교된 학교도 많다. 혹시 현재 우리가 살고 있는 주택이나 아파트들도 그런 모습으로 변하는 것은 아닐까? 진지하게 생각해봐야 한다. 생각하기조차 끔찍한가? 그렇다면 숫자로 예측해봐야 한다. 머지않아 우리에게 다가올 미래이기 때문이다. 미리 대비해야 그때도 살길을 찾을 수 있다. 우리의 노후뿐 아니라 우리 아이들을 위해서도 냉정하게 숫자와 각종 통계를 잘 살피고 있어야 한다.

변화를 감지했다면, 빨리 움직여야 한다

우리 삶 전체를 지배하기도 하는, 우리 일상과 관련된 숫자나 통계를 살펴보자.

특히 중점을 두고 살펴볼 숫자들은 우리 삶의 질을 결정하고, 우리 자산에 영향을 미치고, 우리 직업에 영향을 미치는 그런 숫자들이다. 이러한 숫자들의 움직임을 우리는 변화라고 부른다. 그 변화가 세상에 미치는 범위가 더 넓고 더 클 때는 '패러다임의 변화'라고도 부른다. 패러다임의 변화가 일어나면 많은 상황이 달라진다. 패러다임의 변화를 읽지 못하면 미래를 대비하기는커녕 현재의 생활을 유지하는 것도 힘들어진다.

지금 우리 사회는 거대한 패러다임의 변화에 직면하고 있다. 그리고 우리는 그 거대한 변화 속에서 살아가고 있다. 이러한 거대한 변화의 파도 속에서 살아남으려면 패러다임의 변화를 읽을 수 있어야 하고, 그 패러다임의 변화가 우리에게 어떤 영향을 미칠지를 미리 파악하고 대비해야 한다. 그렇게 하지 못하면 자산을 잃을 수도 있고, 직업을 잃을 수도 있고, 심지어는 생명을 잃을 수도 있다. 패러다임의 변화는 우리 주변의 사소한 것들에서 발견할 수 있다. 특히 패러다임의 변화는 우리 일상의 숫자가 급격히 변화할 때 일어나는 경우가 많다.

총인구, 퇴직인구, 출생인구, 출산율, 사망인구, 매년 60세가 되는 인구, 가계저축률, 총가계부채, 총가구 수, 주택보유비율 등등. 나는 이러한 것들이 우리 사회와 우리 일상에 어떻게 영향을 미치는지를 이야기할 것이다. 이미 알고 있는 것도 있다. 알고 있지만 크게 인식하지 못하고 있는 것도 있다. 예상은 했지만 이토록 엄청날 것이라고는 생각조차 못한 것도 있다. 문제는 이것들이 동시에 변화가 생길 때 우리는 어떻게 해야 할까? 이것을 함께 생각해보고 대안을 마련해보는 시간을 갖기로 하자. 숫자 속에서, 통계 속에서 어떤 일들이 일어날지 상상해보자.

대학에서 학생들을 가르칠 때 가장 강조하는 것이 있다. 바로 연관성이다. 사회 현상을 볼 때는 반드시 연관성을 염두에 두고 생각해야 하기 때문이다. 즉 어떤 사회 현상을 보면,

첫째, 사실을 파악하고 인지해야 한다.

둘째, 그 사실에 대한 느낌을 정리해야 한다.

셋째, 그 사실이 나에게 미치는 영향을 생각해봐야 한다.

넷째, 구체적인 실행 방안을 마련하고 실천해야 한다.

첫 번째 사실은 '있는 그대로' 정확하게 읽으면 되고, 두 번째부터는 옳을 수도 있고 옳지 않을 수도 있고, 맞을 수도 있고 틀릴 수도 있다. 하지만 지속적으로 연습하고 실행하다 보면 생각하는 근육의 힘이 생겨서 올바른 판단력이 생기기도 한다. 이 책 역시 우리 주변에서 일어나고 있는 숫자의 변화와 연관된 다양한 현상들을 위의 단계에 따라 살펴볼 것이다.

다만 이 책을 읽기 전에 다음의 단어들을 한 번 읽어보길 바란다. 익숙한 말도 있고, 다소 생소한 말도 있다. 무게가 느껴지는 단어도 있다. 하지만 이 단어들은 앞으로 우리 인생을 어떻게 바꾸게 될지 모른다. 패러다임의 변화를 이 단어들이 모두 설명해줄 것이기 때문이다.

평균 수명, 인구구조, 고령화, 출산율, 산업구조(1910~1960, 1960~1980, 1980~2000, 2000~현재&미래), 주가(역대 시가총액 1위 기업들), 부동산 가격, 가계구조, 평균 결혼연령, 사람들의 의식(취업, 소비, 부모와 자녀), 저축률, 소비의 사회화(1998년 전후), 학력 수준, 결혼에 대한 생각, 출산에 대한 생각, 부채(정부, 기업, 가계, 학생, 베이비부머, 은퇴자), 금리, 주택보급률, 사망인구 수, 요양병원, 도시화, 공기업 지방 이전(혁신도시), 평균 퇴직연령,

베이비부머의 60세 이상 인구, 분양 물량, 재건축 수, 아파트 입주 수, 정부 정책의 변화(가계 대출, LTV, DTI, 재건축 연한 단축), 부모 부양에 대한 생각, 세계화, IT, BT, 자산 및 투자 대상의 다변화, 소비와 나의 관계, 4차 산업 혁명 등등

사람은 가혹한 현실을 마주 보기보다는 피하려 하는 경향이 있다. 하지만 정면으로 마주 보지 않으면 더 가혹한 현실이 우리를 기다릴지 모른다. 앞으로 일어날 일을 냉정하게 숫자와 통계를 통해 바라보자. 그래야 우리가 예상하거나 짐작했던 미래보다 조금은 살만한 미래를 만들 수 있다.

이 책은 나 혼자가 아닌 많은 분들의 도움이 있었기에 쓸 수 있었다. 머리 숙여 감사드린다.

이 책이 모쪼록 우리나라 경제 현실을 제대로 이해하고 사람들이 안전하고 행복한 미래를 설계하는 데 조금이나마 도움이 되기를 바란다.

2019년 4월
오종윤

변화 속에는
반드시 기회가 숨어 있다.

빌 게이츠

CONTENTS

숫자는
현실의 나침반이다

최후까지 살아남은 사람들은
가장 힘이 센 사람이나 영리한 사람이 아니라,
변화에 가장 민감한 사람들이다.

– 찰스 다윈

내가 숫자 변화를
두려워하는 이유

세상 대부분의 사건들은 내 자산가격에 영향을 미친다

나는 재무설계 상담사로서, 자산관리사로서 내 주변에서 일어나는 일이 나의 자산에 어떤 영향을 미치는지를 연관지어 생각하는 버릇이 있다. 우크라이나에서 비행기가 추락해도, 세계 각지에서 테러가 일어나도, 미국이 금리를 동결하거나 인상해도, 유럽이 엄청난 양의 돈을 풀어도 나는 생각하고 또 생각한다. 이런 일이 나의 자산에, 나의 고객 자산에 어떤 영향을 미칠지를 말이다.

세상의 변화를 주도하는 것은 어느 한두 가지가 아니다. 어느 것 하나만 영향을 미치고 다른 것은 영향을 받기만 하는 것도 아니다. 여러 가지 일이 서로 영향을 주고받으면서 사회는 변해간다. 가계가 기업이나 국가에 영향을 미치고, 기업이 가계나 국가에 영향을 미치는가 하면, 국가의 정책이나 상황이 가계나 기업에 영향을 미치기도 한다. 그래서 우리는 국가 정책, 기업 실적 그리고 가계 상황을 면밀히 관찰하고 변화를 파악하여 대응할 필요가 있다. 어느 한 면만 보면 판단의 오류를 범할 가능성이 높기 때문이다.

나는 경영, 경제, 소비자학을 공부했는데, 이는 모두 숫자와 연관이 깊은 학문들이었다. 그리고 일관성 있게 경영이라는 단어가 관통하고 있다. 경영을 하려면 다양한 분야의 변화에 대한 원인과 결과를 분석하는 것이 중요하다. 이 책에서는 주로 가계 경영에 대한 사항을 파악하고, 가계 경영의 영향과 결과에 대한 변수들을 파악하고자 한다. 물론 내 주장이 반드시 정답은 아닐 수 있다. 다른 의견이나 주장이 분명 있을 것이다.

나는 35년 동안 숫자를 보고 숫자를 읽으며 살아왔다. 그런데 요즘은 숫자를 보면서 소름 끼치는 두려움에 떨 때가 많다. 예전에는 숫자를 잘 읽지 못했고, 그것이 의미하는 바가 무엇인지 알아채지 못할 때도 있었다. 금융 전문가라는 평을 들으면서도 실수한 적도 있고, 실패하기도 했다. 모두가 숫자를 잘못 읽었기 때문이다. 그래서 지금은 숫자를 매우 신중하게 읽는다. 특히 회사를 경영하고, 많은 사람들과 함께 일하는 상황이 되면서 더더욱 숫자를 신중하게 보고 대한다.

지난 35년 동안 우리나라는 엄청난 변화를 겪었다. IMF, 카드 대란, 금융위기를 겪었다. 많은 사람들이 변화의 물결 속에서 새로운 길을 찾기도 했지만, 거센 변화에 속수무책으로 고통을 당한 사람들도 많았다.

매일 숫자를 보고, 숫자가 의미하는 것이 무엇인지 생각하고 연구하다 보니 내가 읽는 숫자의 변화가 무엇을 의미하는지에 대한 책을 몇 권 쓰기도 했다. 15년 전에 《20년 벌어 50년 먹고사는 인생 설계》라는 책을 내면서, 앞으로 어떻게 인생을 살아가야 할지 이야기를 나누자고 했었다. 많은 독자의 사랑을 받은 책이었는데, 그때는 너무 빠른 진단이라는 평을 듣기도 했다. 하지만 당시의 화두가 지금은 현실이 되고 말았다.

솔직하게 말하면 나는 지독한 겁쟁이다. 숫자를 많이 보니 무슨 일이 일어날지 생각하게 되고, 연구하고 또 다른 숫자를 더 찾아보고 하다 보니, 숫자가 우리에게 암시하는 것을 찾아낸 순간 겁쟁이가 된다. 두렵다. 아직까지 우리가 경험해보지 못한 거대한 패러다임의 변화가 다가오고 있다고 생각하니 무섭고 두렵다.

여기에서 잠깐, 프롤로그에서 한 번 읽어보라고 했던 단어들이 하나라도 기억나는가? 그 단어들이 우리에게 무엇을 알려줄지 상상해볼 수 있는가?

나는 독자들에게 겁을 주려고 하는 것이 아니다. 나 역시 겁쟁이인데 무슨 겁을 주겠는가? 나는 단지 정말 앞으로 다가올 변화가 두렵다면, 패러다임 변화의 희생자가 되지 않으려면 거기에 맞서

싸울 무기를 준비하자는 이야기를 하려는 것일 뿐이다.

타고날 때부터 강한 사람은 무기를 준비하지 않는다. 어떤 적을 만나도 이길 수 있다고 자신한다. 하지만 강한 사람 위에 더 강한 사람이 있게 마련이다. 반드시 이기는 게임이란 없음을 우리 모두가 잘 안다.

우리가 약한 데다 준비도 되어 있지 않은데 소름 끼치는 두려움이 엄습한다면 어떻게 할 것인가? 두 눈 똑바로 뜨고 주변을 둘러보고 적과 싸워 이길 수 있는 무기를 찾아내야 한다. 그 무기를 내 손안에 쥐고 있어야 한다. 그래야 어떤 적을 만나도 대응할 수 있다.

싸워보지도 않고 물러설 수는 없지 않은가? 아니 싸울 준비도 안 한 채 당하기만 할 수는 없지 않은가?

쓰나미가 들이닥치면 이미 늦다

이 책에서는 우리를 둘러싸고 있는, 그리고 빠르게 변화하고 있는 몇 가지 대표적인 숫자들을 살펴보고 대응책을 찾아보고자 한다. 내가 오랫동안 열심히 들여다본 숫자에 대해 함께 이야기를 나누고자 한다. 우리 주변에서 일어나고 있는 변화에 대해 내가 느끼는 공포와 두려움에 대해 이야기하고자 한다. 그리고 그 공포와 두려움을 극복할 무기에 대해 이야기할 것이다. 두려움은 내가 이 책을 쓰게 된 동기다.

요즘 내가 가장 두렵게 생각하고 있는 것들은 다음과 같다.

첫 번째, 미국의 금리 인상.

두 번째, 1955년생 이후 베이비부머의 60세 진입 매년 80만 명(즉 노동시장에서의 이탈).

세 번째, 2014년부터 시작된 주택 멸실과 2017년부터 시작된 주택 신규 입주 물량 300만 채.

네 번째, 퇴직으로 인한 소득 절벽 인구 매년 100만 명.

다섯 번째, 1500조 원이 넘는 가계부채.

여섯 번째, 파악조차 못하고 있는 전세자금 시가총액(2000조 원 이상으로 추정).

일곱 번째, 개선될 조짐이 없는 청년실업.

여덟 번째, 늦어지는 결혼연령(남 35세, 여 32세), 저출산율(0.9명) 및 신생아 수(연 30만 명대 초반).

아홉 번째, 사망인구 지속적 증가(연 30만 명 이상).

열 번째, 부동산 및 기타 자산이 가계순자산에서 차지하는 비중이 100%에 근접.

이중에서 당신이 알고 있는 숫자는 얼마나 되는가? 나는 위의 숫자들을 매일 살펴본다. 오래전 수치부터 앞으로 30년 후의 예상 수치까지 들여다본다.

40년 전에는 늘어나는 신생아 수, 늘어나는 취업자 수, 늘어나는 혼인 수, 낮은 가계부채 비율, 높은 금리, 높은 임금 상승률, 높은 저축률 등이 부동산, 주식, 채권 시장에 영향을 미쳤다. 이 숫자들이 우리 경제를 발전시켰다. 하지만 지금은? 지금부터 그리고 앞으로는 지속적으로 그 반대 영향이 우리를 짓누를 것이다. 그런데 개인이나 가계도, 기업도, 정부도 그 심각성을 제대로 파악하거나 대비하고 있지 않다. 아니 지금 당장만 견디려 하거나 또는 애써 외면하고 무시하려는 심리가 강한 것 같다.

이것이 더 두렵다.

막상 닥치면 그 누구도 해결할 수 없을지도 모른다. 쓰나미는 몰려오고 있다는 경보를 받았을 때 대비해야 한다. 쓰나미가 들이닥쳤을 때는 이미 늦다.

각종 사건 사고를 보자. 일어나기 전에는 아무도 감지하지 못한다. 아무 일도 일어나지 않았기 때문에 위험하다는 생각은 꿈에도 안 한다. 하지만 막상 사고가 나면, 인명 피해가 생기면, '막을 수 있었는데, 대비할 수 있었는데'라는 온갖 후회와 비난이 쏟아지고 일부 사람들이 책임을 진다. 희생양이 된 사람과 책임을 지게 된 사람들만 억울하다.

그러나 시대의 큰 변화는 발생하고 닥치면 이미 해결책이 없다. 막을 수 있었다는 둥, 미리 대비하지 못한 게 잘못이라는 둥 후회해도 소용 없다. 문제는 바로 내가 희생양이 되고 책임을 져야 한다는 것이다. 그때부터는 이야기가 달라진다.

1997년의 IMF, 2008년의 금융위기가 닥쳤을 때 당신은 무엇을 할 수 있었는가? 우리는 아파트를 팔 수도 없었고, 회사를 살릴 수도 없었고, 현금을 만들 수도 없었다. 아파트 가격은 폭락했고, 주가 역시 폭락했고, 많은 회사들이 부도가 났다. 마찬가지로 수많은 베이비부머는 퇴직 후 자녀교육비, 자녀 결혼비용, 그리고 은퇴자금 준비가 안 된 상태라면 무엇을 할 수 있을까? 이들의 삶은 고통 그 자체다. 그대로 가족 모두가 감당해야 하는 차가운 현실에 부닥친다. 남의 일이라 여기며 가벼이 보지 말고 세상과 주변을 면밀하게 관찰하고 준비해야 한다.

두려워할 줄 알아야 한다. 소름 끼치는 변화를 온몸으로 느껴야 한다. 주변을 둘러보고 살아남을 무기를 준비해야 한다. 내 손안에 무기를 가지고 있어야 한다.

요양병원에도
1인 가구가 산다?

다들 어디에서 왔을까?

내가 은행에 다니던 시절 임원이셨던 분이 경상북도 경산시 시내에 요양병원을 열었다고 해서 방문한 적이 있다. 시내 한복판에 자리 잡은 요양병원을 보며 요즘 트렌드에 잘 맞겠구나 싶었다. 이사장님의 안내로 맨 위층에서부터 1층까지 내려오면서 구석구석을 둘러볼 수 있었다. 시설과 인테리어, 환자 관리 등 요양병원 운영에 대해 자세히 설명해주었다.

그런데 나는 문득 누워 있는 어르신들을 보면서 이분들은 도대체 어디에서 오셨는지 궁금했다.

"이사장님, 이분들은 다 어디에서 오셨나요?"

"집에서도 오고 다른 병원에 있다가 온 사람도 있지."

"다른 병원에 가기 전에는 어디에 있었을까요?"

"글쎄, 집에 있었겠지?"

나는 왜 이런 질문을 했을까? 그 이유는 요양병원을 보면서 주택의 수요와 공급을 생각했기 때문이다. 그렇다. 그분들은 자기 집이나 방 한 칸에서 살았을 것이다. 그러다가 요양병원의 침대로 옮겨왔을 것이다.

요양병원 침대 수와 주택보급률

정부에서 발표한 주택보급률을 보자. '전국에 몇 명의 사람들이 집을 소유하고 있고, 자가소유가 아닌 사람은 몇 퍼센트이고 인구 대비 주택은 몇 채다'라고 발표한다. 그런데 요양원, 요양병원, 호스피스 병원 등의 침대 수는 고려하지 않는다. 거기에도 분명 사람이 살고 있는데 말이다. 사람들이 모두 자기 소유의 집에서 살고 있는 것은 아니다. 잠깐이라면 몰라도 요양원이나 호스피스 병원에 있는 분들 중에는 다시 집으로 돌아가기 어려운 경우도 많다. 인구수에는 포함돼도 주택보급률을 계산할 때는 제외되는 사람들이다. 그래서 나는 주택가격에 영향을 미치는 요인으로 요양병원, 요양원, 호스피스 병원을 고려해야 한다고 주장하고 있다.

2018년 6월 현재 전국에 있는 요양원은 3,328개, 요양병원은 약

1,548개(국민건강보험공단, 건강보험심사평가원)에 이른다고 한다. 그럼 요양원과 요양병원에 침대 수는 총 몇 개일까? 요양병원은 최소한 130병상 이상이어야 손익이 맞는다고 하지만, 요양원은 소규모도 많으니 한 곳에 평균 병상이 100개라고 쳐도 전국에 있는 요양병원과 요양원의 침대 수는 약 50만 개 정도다. 이 숫자에 호스피스 병원 병상 수는 넣지 않았다. 그리고 지금도 매일 전국 곳곳에 요양병원, 요양원 등이 새로 생기고 있다.

고령사회가 빠르게 진행되고, 노인 인구가 더 늘어나는 시기가 다가오고 있는 현실을 감안하면 요양(병)원 수는 앞으로 더욱 증가할 것이다. 나는 강의할 때 앞으로 20년 후면 삼성전자의 시가총액보다 요양병원이나 장례식장의 시가총액이 더 높을지 모른다고 농담처럼 말하곤 한다. 그만큼 실버 관련 산업이 호황을 누리고 관련 시설이 크게 늘어날 것이라는 예상이다. 급속하게 늘어나는 요양병원이 주택 기능을 대체할 가능성이 높다.

요양병원의 예처럼 세상에서 일어나는 대부분의 현상이나 사건은 자산시장의 수요와 공급에 영향을 미친다. 즉, 요양병원이 늘어난다는 것은 많은 사람들이 살던 집을 떠나 요양병원으로 이주한다는 것을 의미한다. 관심이 없는 사람이라면 주택시장과 요양병원이 무슨 상관이 있느냐고 의아해할지 모른다. 그러나 요양병원이 많아지면 주택을 구입하려는 수요는 줄어들고 주택을 팔려는 공급(요양병원에 입원하는 사람이 살던 집)은 늘어나는 것이 현실이다.

기회를 잡으려면 세상의 변화를 읽기 위해 늘 안테나를 세우고 있어야 한다. 내 주변에서 일어나는 사소한 일들이 앞으로 나의 삶을 규정하고 제약해서 내 삶에 막대한 영향을 미칠 수 있다. 모든 일들은 서로 긴밀하게 연결되어 있기 때문이다.

탄광은 전기가 들어오고 석유, 가스 등이 도입되면서 폐광으로 변했다. 산업화가 급격하게 진행되면서 농업은 축소되고 농어촌이 피폐해지기 시작했다. 젊은 사람들의 이농 현상이 본격적으로 이루어지던 1980~1990년대에 농촌에서 산부인과를 개업하려는 친구가 있었다면 당신은 뭐라고 충고했겠는가. 현재 의대를 갓 졸업한 조카가 시골에서 산부인과 개업을 한다고 하면 어떤 조언을 들려주겠는가.

늘어난 노인 인구, 베이비부머의 은퇴, 미국의 금리 인상, 정부의 부동산 정책, 신생아 수, 여성의 대학 진학률, 취업률, 실업자 수, 맞벌이 부부의 증가, 가계의 자산구성비율 등의 뉴스를 들으면 어떤 생각이 드는가? 나는 이 책을 읽는 독자들이 '세상의 뉴스와 사건 사고들이 내 자산의 가격에 어떤 영향을 미치는지'에 항상 관심을 가지길 바란다. 자산관리는 사실 여기에서부터 시작되기 때문이다.

소비하는 이유를
다시 생각하자

사람에게 소비란 무엇일까? 소비는 삶이다. 로버트 보콕이 지은 《소비》라는 책의 부제는 '나는 소비한다. 고로 존재한다'이다. 나는 이 책을 읽고 많은 생각을 했다. '존재하므로 소비하는 것일까, 아니면 소비하므로 존재하는 것일까?' 나는 사람은 존재하기 위해서는 소비해야 한다는 결론에 이르렀다. 사람은 최소한의 소비도 하지 못하면 죽는다. 당신은 자신이 하는 소비의 종류를 분석해본 적이 있는가? 소비는 필수소비, 여유소비, 과시소비, 준거집단 소비 등으로 구분할 수 있다.

필수소비는 소비하지 못하면 살아가지 못하거나 생활할 수 없는 소비를 말한다. 최소한의 식사, 최소한의 주거, 최소한의 피복 등이 필수소비에 속한다.

여유소비는 최소한의 의식주에 가치를 부여하고 자기 자신을 드러낼 수 있는 소비를 말한다. 조금 더 좋은 또는 조금 더 비싼 의식주, 각종 기호식품, 취미와 문화생활, 여행 등이 여기에 해당한다.

과시소비는 자신에게 필요한 것이기는 하지만 다른 사람들에게 보여주기 위한 소비다. 귀금속, 고급 자동차, 고가의 그림이나 골동품, 명품 의류, 값비싼 액세서리, 고가의 주택 등을 소비하는 것이 여기에 속한다.

준거집단 소비는 다른 사람이 소비하니까 나도 소비하는 것을 말한다. 남들이 가지고 있는 것은 나도 가져야 한다는 생각이 준거집단 소비를 하게 만든다. 집, 옷, 음식, 쇼핑, 자녀교육, 휴대전화, 자동차, 여행, 외식, 취미생활, 골프 등이 준거소비의 대상이 된다.

물론 이 글을 읽는 독자 중에는 '무슨 준거집단 소비냐, 내가 하고 싶고, 꼭 필요해서 하는 소비다'라고 부정하는 사람도 있을 것이다. 하지만 곰곰이 생각해보자. 비슷한 환경에 있는 사람들은 비슷한 소비 패턴을 보인다. 예를 들어 아파트 평수에 따라, 직장이나 직업에 따라, 소득 수준에 따라, 살고 있는 지역에 따라 동급의 자동차나 가구를 소유하고, 비슷한 수준의 학원에 자녀를 보내고, 같은 식당에서 외식을 하는 경향이 있다. 이게 바로 준거집단 소비다.

우리는 우선 친구 따라 강남 가는 식의 준거집단의 소비 패턴에서 벗어나야 한다. 남들이 하는 소비, 남들과 비교하기 위해서 하는 소비에서 벗어나야 한다. 나와 가족이 진정으로 필요로 하는 소비를 해야 한다. 그래야 나와 가족이 정상적인 삶을 살 수 있고 행복해질 수 있다.

나에게 꼭 필요한 소비를 하려면 나와 소비와 행복의 관계를 따져보는 것이 순서다. 지금은 물론 앞으로도 어떤 영향을 미칠지 생각해보자.

나와 소비와 행복의 관계 체크리스트

- 이 집이 나와 내 가족에게 행복을 가져다줄 것인가? (예) (아니오)
- 이 자동차가 나와 내 가족에게 행복을 가져다줄 것인가?
  (예) (아니오)
- 이 휴대전화는 나와 내 가족에게 행복을 가져다줄 것인가?
  (예) (아니오)
- 이 외식은 나와 내 가족에게 행복을 가져다줄 것인가? (예) (아니오)
- 이 사교육비는 나와 내 가족에게 행복을 가져다줄 것인가?
  (예) (아니오)
- 이 대출은 나와 내 가족에게 행복을 가져다줄 것인가? (예) (아니오)
- 이 소비는 나와 내 가족에게 행복을 가져다줄 것인가? (예) (아니오)

지갑을 열기 전에 먼저 자신에게 이런 질문을 해보아야 한다. 한 번 더 생각하고 나서 하는 소비와 생각 없이 하는 소비의 결과는 하늘과 땅 차이다. '생각대로 살지 않으면 사는 대로 생각하게 된다'는 명언처럼 '생각대로 소비하지 않으면 소비하는 대로 살게 된다'.

오늘도 내일도
행복하기 위한 선택, 저축

소비에 대해 진지하게 생각해보기 위해서는 저축의 의미를 다시한 번 생각해볼 필요가 있다. 저축이란 무엇인가? 저축은 '미래의소비를 위해 오늘을 희생하는 행위'라고 정의하고 있다.

소비＝오늘의 삶

저축＝내일의 삶(＝내일의 소비)

요즘 우리 사회는 매우 혼란스럽고 어지럽다. 많은 사람들이 불행하다고 느끼며 산다. 1990년대에는 스스로 중산층이라고 생각했던 사람의 비율이 60%가 넘었는데 요즘에는 30%도 안 된다고 한다. 최근에는 더 많이 줄었다.

내가 강의를 하면서 만나는 사람들은 비교적 연봉도 높고 고용 보장도 잘된 곳에서 근무한다. 그런데 그들도 스스로 중산층이 아니라고 하고, 경제적으로 여유가 없다고 말한다. 연봉이 1억 원이 넘는데도 자신은 중산층이 아니라는 자조 섞인 이야기를 한다. 조금 어이가 없을 때도 있다.

뭔가 이상하다. 불과 10년 전, 20년 전에 비하면 우리의 생활은 상당히 윤택해졌다. 월급도 올랐고, 자산도 더 많아졌고, 자동차도 더 커졌고, 집 평수도 더 커졌고, 집값도 올랐고, 휴대전화도 생겼고, 해외여행도 더 많이 다니고, 외식도 더 자주한다. 내가 분석해본 바로는 많은 사람들의 자산이나 생활 수준이 거의 모든 면에서 나아졌다. 그럼에도 불구하고 사람들은 불행하다고 느끼며 산다.

왜 불행하다고 하고, 왜 불안하다고 할까? 왜 그럴까? 한 가지 분명한 사실은 요즘 사람들은 10년 전, 20년 전보다 미래에 대한 불안감이 더 커졌다는 것이다. 오늘 누리고 사는 것보다 내일 더 적게 가질 것 같은 불안감을 느끼고 있다. 그래서 오늘보다 내일이 덜 행복할 것 같다고 생각한다. 이 때문에 현재 많은 것을 가지고 있는데도 불안해하고 행복감을 느끼지 못하는 것 같다.

그렇다면 왜 내일은 오늘보다 덜 가지게 될 거라고 생각할까? 내일 쓸 돈이 없기 때문이다. 내일 쓸 돈을 준비하고 있지 않기 때문이다. 저축을 적게 하고 있기 때문이다. 저축을 적게 한다는 것은 내일은 덜 누릴 수밖에 없다는 것을 의미한다. 저축을 적게 하면 내일은 당연히 오늘보다 쓸 돈이 적어진다. 그걸 알고 있기에 미래가 불안하다. 그래서 예전보다 자산을 더 많이 가지고 있는데도 불구하고 삶에 대한 만족도가 떨어지는 것이다.

최근 20년 동안 우리나라의 가계 저축률은 1%에서 8% 사이에 머물고 있다. 저축률(평균) 4%는 오늘은 96%로 살고, 내일은 4%로 살아야 한다는 뜻이다. 우리나라 가계는 최근 20여 년 동안 오늘을 위해 96%를 쓰고 내일을 위해서는 겨우 4%만 준비하고 있다고 봐야 한다. 반면에 1990년대에는 가계 저축률이 20% 이상이었다 (아래 그림, '우리나라 가계 저축률 추이' 참조).

소비는 소금물과도 같다. 마시면 마실수록 더 갈증을 느끼게 된

우리나라 가계 저축률 추이

단위: %

출처: 통계청

다. 갈증을 해소하기 위해서는 소금물이 아니라 맑은 물을 마셔야 한다. 내일을 행복하게 살기 위해서는 지금 당장 급하지 않은 소비를 줄이고 저축을 늘려야 한다. 오늘을 덜 불안하게 살고 조금이라도 더 행복하게 살려면 더 많이 저축해야 한다. 당연한 말인데도 많은 사람들이 깨닫지 못하고 있는 것 같아 더욱 강조하게 된다. '내일도 살아가려면 저축을 늘려야 한다!'

(주)한국재무설계는 어떤 사람들이 행복감과 만족감을 느끼며 사는지에 대해 각계각층의 다양한 연령대를 대상으로 조사하고 연구하고 있다. 지금까지의 연구 결과를 보면 자산이 많은 사람, 소득이 높은 사람, 부채가 적은 사람, 학력이 높은 사람, 부동산을 소유한 사람 등이 일반적으로 그렇지 않은 사람에 비해 삶에 대한 만족도가 높은 편이다. 이 정도는 누구나 알고 있는 사실이다. 그런데 흥미로운 사실이 하나 있다. 바로 저축률이 높은 사람들이 삶에 대한 만족도가 매우 높았다. 뿐만 아니라 적게 소비하면서도 소비에 대한 만족도 역시 매우 높았다.

나는 처음 이 사실을 알고 이상하게 생각했다. '사람은 소비의 동물인데, 저축을 많이 하다 보면 당연히 소비가 적어질 텐데 어떻게 소비를 적게 하면서도 삶의 만족도가 높은 거지?' 저축률이 높으면 현재의 삶에 대한 만족도는 낮을 것이라고 생각해왔다. 저축을 많이 하려면 당장 하고 싶은 소비를 참아야 하기 때문이다. 그래서 만

나는 사람마다 '인내는 쓰고 그 열매는 달다는 말이 있다. 지금은 적게 쓰고 저축하느라 고생스러울 것이다. 하지만 나중에 모은 돈으로 보상을 받을 테니 잘 참고 견뎌보자'고 설득하곤 했다.

연구 결과는 의외였다. 소비를 적게 하고 저축을 많이 하는 사람이 삶에 대한 만족도가 더 높았다. 그래서 저축률이 높은 사람들에게 그 이유를 물었다. 대답은 의외로 명료했다. "미래에 대한 불안을 덜 느끼게 되니까요."

그러고 보니 삶의 다른 영역들에서도 비슷한 원리가 통한다는 사실을 알게 되었다. 벤처 사업가들은 지하 셋방에서 라면으로 끼니를 때우며 미래의 빌 게이츠나 손정의를 꿈꾼다. 시험을 앞두고 열심히 공부한 학생과 공부하지 않고 논 학생 중 누가 더 마음이 편안할까? 약속 시간에 맞춰 일찍 출발한 사람과 늦게 출발한 사람 중에 누가 더 여유가 있을까?

답이 너무 뻔한가? 사람들은 오늘을 살고 있지만 내일도 살아야 한다는 사실을 잘 알고 있다. 그래서 오늘은 물론이고 내일도 행복하게 살고 싶어한다. 비록 오늘 조금 덜 쓰더라도 내일의 삶을 기대할 수 있다면, 삶에 대한 행복감은 더 커지게 된다. 여기서 오해하지 말아야 할 것이 있다. 내일의 행복을 위해 오늘의 행복을 희생시키라는 이야기가 아니다. 그리고 돈만 있으면 행복이 보장된다는 이야기도 아니다. 오늘도 행복하고 내일도 행복한 삶을 만들려면 다시 한 번 저축에 대해 생각해봐야 함을 강조했다.

언젠가는
나도 부동산으로?

땅값은 안 떨어진다?

우리나라 사람들의 부동산에 대한 집착은 어제오늘의 일이 아니다. 농경사회에서 땅은 곧 생명이었다. 땅이 없으면 쌀과 보리도, 다른 곡식이나 과실수도 재배할 수가 없으니 땅은 곧 모든 사람의 생명줄이었다. 땅은 오로지 농사를 짓는 수단이었다. 그런데 이랬던 땅이 산업화와 도시화 과정에서 단순히 가족을 먹여 살리는 수단에서, 집안을 바꿀 정도의 위력을 발휘하게 되었다. 농부가 농사짓던 땅에 공장이 들어서고, 도시가 생기고, 상업시설이 들어서면서 땅 좀 가지고 있던 사람들이 벼락부자가 되었다.

우리나라는 1960년대부터 산업화가 진행되면서 크고 작은 신도

시가 본격적으로 생기기 시작했다. 전국에 흩어져 살던 사람들이 공장과 회사가 있는 곳으로 몰려들기 시작했다. 그곳은 곧 도시가 되었다. 서울은 물론, 서울 주변의 도시와 도청 소재지를 중심으로 엄청난 인구가 몰려들었다. 도시가 팽창하면서 도심과 도심 주변의 땅값은 매년 천정부지로 오르기만 했다. 도시나 공장 주변에 땅을 가지고 있던 사람들은 하루아침에 벼락부자가 되었다. '자고 일어나니 유명해져 있더라'는 시인 바이런의 말처럼 이 시기에 땅을 가지고 있던 사람들은 '자고 일어나면 땅값이 올랐고, 부자가 되어' 있었다.

1960년에 약 2500만 명 정도였던 인구가 현재는 5000만 명에 이른다. 50년 사이에 2500만 명이 증가했다. 이는 그동안 우리나라는 2500만 명이 잠잘 집을 더 마련해야 했고, 2500만 명이 먹을 음식이 더 있어야 했고, 2500만 명이 생계를 유지할 일자리를 더 만들어야 했다는 의미다. 우리나라는 지속적으로 성장했고 도시는 팽창하면서 지금까지 왔다. 총인구도 늘고, 경제활동 인구(만 15세~만 64세)도 늘고, 노인 인구(만 65세 이상)도 늘고, 유소년 인구(15세 미만)도 1980년대까지는 증가했다.

사람들이 도시로, 도시로 몰려들면서 농어촌은 인구가 감소했다. 사람들은 도시에서 먹고 자고 자식들을 낳았다. 도시 인구가 늘어나면서 사람들이 살 집이 필요했고, 집을 지을 땅이 필요했고, 먹고 마실 상업시설이 필요했고, 공장이 필요했다.

이처럼 인구가 늘고 공장이 늘고 상업시설이 늘어나면, 즉 땅에 대한 수요가 증가하면 땅값은 오를 수밖에 없다. 그래서 사람들은 땅을 좋아했고 땅 가진 사람들을 부러워했다. 하지만 인구가 줄고, 공장이 폐업하고, 사람들이 도시를 떠나면 도시의 땅값과 집값은 어떻게 될까?

우리는 사람들이 떠난 농어촌의 땅값이 어떻게 되는지를 이미 경험했다. 1960년부터 사람들은 농촌을 버리고 도시로 떠나버렸다. 그리고 40~50년 동안 농촌 마을에는 노인들만이 땅과 집을 지키고 있었다.

도시의 땅값이 하늘 높은 줄 모르고 치솟을 동안, 사람들은 농어촌의 집, 논, 밭, 임야 등을 애물단지 취급했다. 땅을 소유하고 싶다고, 땅값이 너무 비싸다고 했지만, 그건 도시의 땅에만 국한되었다. 땅이라고 무조건 좋아했던 것이 아니다. 많이 오르는 땅, 자산가치가 높은 땅, 부자로 만들어줄 땅만 좋아했을 뿐이다. 최근 귀농·귀촌 인구가 늘어나면서 농어촌 지역의 택지, 논, 밭의 가격이 상승하는 것도 비슷한 맥락이다.

1960년대부터 시작된 산업화와 도시화의 거대한 흐름에 변화하지 않고 현상유지를 한 곳과 산업사회에 적응하여 변화된 곳의 예로 김제평야와 서울 삼성동의 모습을 찾아보았다. 1960년대 김제평야와 삼성동의 단위당 토지 가격은 얼마였을까? 1930년대에 당신이 수만 평의 땅을 살 수 있는 재력가였다면 어느 지역의 토지를 샀

김제평야와 서울 삼성동의 1960년대 모습

김제평야   서울 삼성동

겠는가? 반면에 2019년 지금 당신은 어느 지역 토지의 주인이 되고
싶은가?

집값이 떨어지겠어?

사는 사람이 줄어들다 보니 농어촌의 부동산 가격은 1960년대에
비해 많이 떨어졌다. 떨어져도 엄청 떨어졌다. 농어촌 곳곳에 그 비
쌌던 집, 논, 밭이 다 폐허가 되어 잡풀만 무성하다. 아무도 거들떠
보지 않는다. 혹자는 농어촌도 땅값이 많이 올랐다고 할지 모른다.
하지만 그런 곳은 관광지 또는 개발 등으로 각광받는 곳이거나 도
시 근교의 새로운 개발 예정 지역이다.

과연 농어촌만 그럴까? 산업화 시절, 서울에서 가장 빠르게 성장

한 지역의 하나가 바로 종로구다. 종로는 조선시대부터 번성하여 지금까지도 그 명성을 유지하고 있다. 하지만 1950년대의 종로와 지금의 종로는 확연히 다르다. 1955년 36개 동(洞)에서 2019년 현재 17개 동으로, 반 정도 줄었다. 낯선 동 이름도 많았다. 왜 이렇게 동이 많았을까? 그만큼 인구가 많았다는 반증이다.

예전에 이곳 초등학교는 그야말로 포화상태였다. 교동초등학교 전체 학생 수가 5000명이 넘은 적도 있었다고 한다. 하지만 지금은 전체 학생 수가 100여 명에 불과하고 신입생 수도 적다. 같은 종로구에 있는 재동초등학교, 매동초등학교 등은 역사와 전통을 자랑하지만, 저출산 고령화의 직격탄을 맞아 폐교될 위기에 놓여 있다. 시골 초등학교가 폐교된다는 이야기는 이제 뉴스거리도 아니지만, 서울 도심 한복판, 그것도 종로에 있는 초등학교가 폐교될지도 모른다는 사실은 우리에게 시사하는 바가 크다.

앞으로 10~20년이 지나면 대형 아파트 단지의 초등학교가 폐교된다는 이야기가 들릴 가능성이 매우 높다. 이렇게 될 경우 아파트 가격은 지금의 가격을 유지하기 어려울 것이다. 주택을 가진 사람은 요즘 자기 동네 출산율과 신생아 수를 알아볼 필요가 있다. 그래야 앞으로의 집값 변화를 예측할 수 있다.

'땅덩어리는 좁고 인구는 많아서' 집값이 오른 것이 아니다. 어떤 이유에서든 '사람들이 몰려들었기' 때문에 집값이 오른 것이다. 사람들이 이사를 가거나, 태어나는 아기가 적거나, 사망하는 사람이 많아지면 집값은 떨어질 수밖에 없다.

재건축은 기회다?

'두껍아 두껍아 헌집 줄게 새집 다오.' 어릴 적 누구나 한 번쯤 부르며 놀았던 기억이 있을 것이다. 그런데 어느 날부턴가는 노래를 바꿔서 불러야 했다. 헌집을 주면 더 큰 새집과 함께 돈도 주는 좋은 세상이 되었다. 낡고 층수가 낮은 아파트일수록 비싼, 희한한 일이 일어났다. 사람들이 도심으로 급속도로 몰려들어 토지가 부족해지면서 발생한 현상이었다. 1980년대까지 지어진 주공아파트와 시영아파트는 주로 5층 정도의 층수로 동과 동 사이 간격이 넓었고, 아파트 주인들은 주택의 평수와 토지의 평수가 크게 차이 나지 않는 아파트를 보유할 수 있었다.

하지만 1990년대부터 지어진 아파트는 건축 기술의 발달로 대부분 15층 이상이고, 땅이 부족하다 보니 동과 동 사이가 좁다. 그래서 주택의 평수는 30평이어도 토지의 평수는 2~3평밖에 안 되는 아파트가 많다. 이제는 1990년대에 지은 아파트를 재건축해야하는 시기가 도래했는데 이런 상황에서 재건축은 호재일까, 악재일까?

1990년대 이후에 지어진 아파트는 대부분 15층 이상의 고층 아파트다. 1990년대에 지은 아파트는 대부분 베이비부머의 안정적인 주거 공간을 확보하기 위한 것이었다. 베이비부머가 30세가 되는 해인 1985년부터 2010년까지는 매년 30만~40만 쌍 정도가 결혼을 했다. 이들의 주거 공간을 위해 나라에서 집을 짓고 또 지어야 했다.

그때 지은 아파트들이 이제는 낡아서 재건축을 해야 할 시기가 다가오고 있다. 재건축 연한이 30년으로 단축됨에 따라 주택 200만 호 건설을 시작했던 1기 신도시들이 2020년부터 대단지 아파트를 재건축할 수 있게 된다. 결국 대량의 아파트가 낡고 허름해졌다는 이야기인데, 이것은 호재일까? 악재일까? 과연 예전처럼 헌집 주면 새집 주고 돈도 주는 재건축을 할 수 있을까?

재건축 가능 여부를 따져보려면 우리나라의 인구구조를 먼저 살펴보아야 한다. 주택에 대해 예상되는 수요 측면과 공급 측면을 살펴보자.

2020년이면 1990년에 태어난 사람들이 결혼하기 시작할 것이다. 1990년대에는 연평균 65만 명 정도씩 태어났다. 2000년대 이후에는 평균 40만~50만 명씩 태어났다. 그리고 2020년부터는 1년에 평균적으로 30만~40만 명 정도가 사망하게 될 것이다.

결혼은 두 사람이 하는 것이고 요즘 결혼율이 약 80%이기 때문에 혼인으로 인해 필요한 주택 수는 태어난 인구의 약 40% 정도가 될 것이다. 이론적으로 보면 2020년부터 신규로 필요한 주택 수는 연간 약 20만 채 정도다. 한편 노인인구 중에는 사망을 하거나 요양원 또는 병원으로 들어가는 사람들이 있을 것이고, 이에 빈집이 생긴다. 인구학적으로 볼 때 결혼으로 인해 집을 필요로 하는 사람보다 사망으로 인해 집을 내놓는 사람이 더 많아지게 될 것이다. 이렇게 되면 집값은 어떻게 될까?

이런 상황에서 다시 재건축에 대한 이야기를 해보자. 재건축은 누구의 돈으로 하는가? 지금까지 재건축은 기존 주택 수의 120%에서 500%까지 늘려서 지었다. 토지는 넓고, 위로 올리면 되었으니 충분히 가능했다. 그래서 헌집을 주면 더 큰 새집을 지었다. 그런데 언제부터인가 자기분담금이라는 것이 생겼다. 헌집을 주고 새집을 받으려면 돈을 더 내놓아야 한다. 아파트를 더 많이 지어도 분양이 안 되니 아파트를 짓는 데 드는 비용을 집 주인이 부담하라는 의미다. 원래는 당연한 말이다. 그런데 그동안 그렇게 하지 않았기 때문에 익숙하지 않을 뿐이다.

"앞으로 새집을 지으려면 내 돈으로 지어야 한다."

이렇게 말하면, 이해하지 못하는 사람들이 있다. 일산이나 분당 등 90년대 이후의 아파트들은 주로 20층 이상이다. 이 아파트에 사는 사람들이 내 돈을 들이지 않고 재건축하려면 40층 정도로 지어야 한다. 40층짜리를 지으려면 2000년대에 태어난 사람의 수가 1960년대에 태어난 사람의 수만큼 많아야 하고, 사망하거나 요양병원에 입원하는 사람이 없어야만 가능한 일이다. 그래야 내 돈을 들이지 않고 재건축을 할 수 있다.

그렇다면 내 돈으로 재건축을 할 수는 있는지 그 가능성이나 한 번 살펴보자. 재건축을 하려면 돈이 있어야 한다. 우리 가계에 과연 재건축할 돈이 있는지 살펴보자. 한국FP학회에서 2015년에 발표한 자료에 따르면 우리나라 평균 가계의 총자산은 2억 6000만 원 정도이고, 이중에서 부동산과 같은 실물자산은 약 2억 1000만 원, 금융자산은 약 4900만 원이다. 그런데 금융부채가 약 4800만 원이라는 사실이 중요하다('우리나라 가계의 평균 재무상태: 자산' 표 참조). 그리고 가계부채의 대부분이 부동산 담보대출이다. 재건축을 하려면 부채를 상환하고 재건축할 자금이 있어야 하는데 우리 가계는 그러한 자금이 준비되어 있지 않다.

우리 가계의 평균 재무상태를 보았으니, 소득이 6500만 원 이상인 고소득 가계의 재무상황도 살펴보자('상위층 재무상태' 표 참조). '돈이 없는 사람은 그렇다 치고, 고소득자의 상황은 다르지 않을까'라는 생각에서 이 부분도 조사해보았다.

우리나라에서 꽤 잘산다는 사람의 재무상태다. 2006년에 9억 원 정도 있었으니 매우 잘사는 축에 속한다. 만약 이 가정의 집을 재건축한다고 가정해보자. 과연 자기 돈으로 재건축을 할 수 있을까? 재건축을 하려면 다음의 비용을 고려해야 한다.

우리나라 가계의 평균 재무상태: 자산

목록	금액(만 원)	총자산 대비 비율(%)
총자산	26,137	100
금융자산	4,884	18.7
안전금융자산	2,090	8
저축성 보험	1,777	6.8
금융투자자산	1,016	3.9
실물자산	21,253	81.3
거주주택 사용 자산	12,927	49.5
거주주택 이외 부동산	7,020	26.9
기타 실물자산	1,306	5
총부채	4,758	18.3
순자산	21,379	81.7

출처: 한국FP학회

상위층 재무상태

목록	금액(만 원)	비율(%)
총자산	87,295	100
순자산	76,362	87.5
부동산 평가액	69,322	79.4
금융자산	15,471	17.7
기타 자산	2,502	2.9
부채 총액	10,932	12.5

출처: 통계청

재건축에 소요되는 비용

❶ 재건축 비용

❷ 기존 아파트 철거 비용

❸ 재건축 기간 임대 비용

❹ 이사 비용

❺ 재입주 시 가재도구 구입 비용

❻ 취등록세 비용

❼ 기타 비용

재건축에 소요되는 이런 비용을 부담할 수 있는 가계가 과연 얼마나 될까? 우리나라에서 매우 잘산다는 사람들의 재무상태 역시 매우 취약하다. 금융자산이 약 1억 5500만 원이고, 금융부채가 약 1억 1000만 원이다. 이 최상위 소득 계층도 부채를 상환하고 나면 금융자산이 4500만 원 정도에 불과하다. 이들의 평균 연령은 48세이고, 평균 가족 수는 3.61명이다. 이들은 이 현금자산을 가지고 부모를 부양해야 하고, 자녀교육도 시켜야 하고, 결혼도 시켜야 하고, 자신들의 노후도 준비해야 한다. 이 최상위 소득 계층 역시 자신들의 자금으로 재건축을 할 수 없는 것이 현실이다.

앞으로 15층 이상의 아파트 단지는 영원히 재건축이 되지 않을 수도 있다. 대단위 아파트 단지를 재건축하지 못할 경우, 거대한 슬럼가로 전락할 가능성도 배제하기 어렵다. 아파트 대단지에 있는 초등학교, 중학교, 고등학교가 폐교되는 날이 그렇게 머지않아 보인다. 이런 일들이 베이비부머가 살아 있는 동안 일어날 수도 있다.

재개발이나 재건축이 호재이던 시절은 끝났다. 2014년 이후 정부의 일관성 없는 정책과 2018년 새 정부의 정책이 우왕좌왕하는 사이에 일시적으로 부동산 투기 붐이 일거나 부동산 폭등 현상이 나타나기도 했다. 일부 사람들은 꽤 많은 수익을 올리기도 했다지만 재건축 재개발로 인해 도심에서 힘겹게 살던 서민들은 도시 밖으로 쫓겨났다. 부수고 새로 짓느라 건설 경기가 살아나고 경제가 일시적으로 활기를 되찾는 것처럼 보였을지도 모른다. 그런데 그 집들을 부순 자리에 몇 년이 지난 후 기존보다 2배 더 많은 집이 들어선다면 어떨까? 살 사람은 적은데, 내놓은 집이나 새 집이 터무니없이 많다면? 아파트 대량 공급의 저주는 이렇게 시작되고 있다.

공급 부족에서
공급 과잉의 시대로

대형 아파트 가격의 추이

1기 신도시의 대표적인 지역은 분당과 일산이다. 분당과 일산의 50평대 아파트의 가격 추이를 보면서 깜짝 놀랐다. 집값이 2007년 고점 대비 거의 반 토막이 났다가 2017년과 2018년에 급상승하기도 했지만, 최고점으로 돌아가지는 못했다. 주택의 가격이 말해주는 것은 사람들의 선호도다. 가격이 오르면 사람들이 좋아한다는 뜻이고, 가격이 내리면 좋아하지 않는다는 뜻이다. 그때는 사람들이 큰 평수를 좋아했지만 지금은 외면하고 있음을 가격 변화를 통해 알 수 있다.

우리나라의 대표적인 1기 신도시만을 예로 들었지만 대부분의

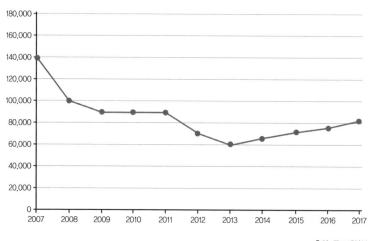

분당 ○○단지 50평대 아파트 가격 추이
2007년 고점 대비: 2014년 57% 하락, 2017년 41% 하락

단위: 만 원

출처: 국토해양부

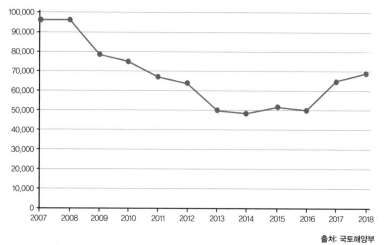

일산 ○○마을 50평대 아파트 가격 추이
2007년 고점 대비: 2014년 49% 하락, 2018년 28% 하락

단위: 만 원

출처: 국토해양부

부동산 가격이 2007년에 정점을 찍은 이후 지속적으로 하락하고 있다. 2014년 이후 정부가 적극적인 부동산 규제완화 정책 및 경기 부양 정책을 펴면서 소형 아파트를 중심으로 일시적으로 부동산이 반등하는 모습을 보였다. 2017년과 2018년에도 정부의 부동산 정책 혼선이 일부 지역 부동산 폭등을 불러오기도 했다. 그래서 사람들은 다시 주택가격 바닥론을 생각하면서 분양시장에 뛰어들어 집을 사기도 했다.

하지만 지금은 거대한 패러다임의 변화 속에 있다. 분당, 일산, 평촌, 중동 등 1기 신도시에 사는 사람들은 자기가 살고 있는 아파트 가격이 이렇게 떨어지고 있는 줄 모를 것이다. 종종 오를 때도 있었으니 지속적인 하락 추세인지는 잘 모른다. 이를 예상했다면 미리 팔았을 것이다. 실제로 강연에서 만난 많은 사람들이 '그때(고점일 때) 아파트를 팔았어야 했는데' 하며 후회한다.

하지만 그들은 그때도 못 팔았지만 앞으로도 못 팔 가능성이 높다. 왜냐하면 이렇게 변하고 있다는 사실을 느끼지 못하고 '왜 이렇게 집값이 계속 떨어지지?'라고만 생각하기 때문이다. 원인을 파악하지 못하면 항상 후회하는 일만 생긴다. 과거의 선입견에 갇혀 있지 말고 패러다임의 변화를 이해해야 한다.

우리나라에는 부동산 불패 신화가 있었다. 부동산은 무조건 오를 것이라는 확신을 가지고 사놓곤 했다. IMF 이전에는 대마불사라는 확신이 있었다. '큰 기업은 망하지 않는다'라는 믿음이었다. 이런 잘

못된 선입견이 우리를 필패하게 만든다. 세상에 영원한 것은 없다. 모든 것은 변한다. 다윈은 진화론에서 '강한 자가 살아남는 것이 아니라 살아남는 자가 강한 것'이라고 말했다. 변화에 적응하는 종만이 살아남는다.

아파트 가격은 떨어지지 않을 줄 알았고, 큰 평수일수록 더 많이 오를 줄 알았다. 그런데 아파트 가격도 떨어지고, 큰 평수는 더 크게 하락했다. 왜 이런 일이 일어나고 있고, 앞으로 어떻게 될 것인가를 우리는 고민하고 또 고민하면서 살아야 한다. 그래야 새로운 환경에 적응해서 살아남을 수 있다.

과연 우리 주변에 무슨 일이 일어나고 있기에 정남향에 녹지 공간이 많고, 교통까지 좋은 최고의 아파트 가격이 계속 떨어질까? 도대체 무슨 일이 일어나고 있는 것일까? 당신은 지금 어떤 선택을 하고 있는가?

저성장·저물가·저금리·저투자 시대

2000년대 초반까지만 해도 우리나라는 성장성이 가장 높은 나라 중 하나였다. 그런데 현재 각종 경제지표들은 어떤가? 다음에 예시한 그래프들은 큰 흐름에서만 파악해보길 바란다. 그래프의 숫자들을 자세히 읽으려고 하면 여기서 말하고자 하는 본질에서 벗어날 수 있기 때문이다.

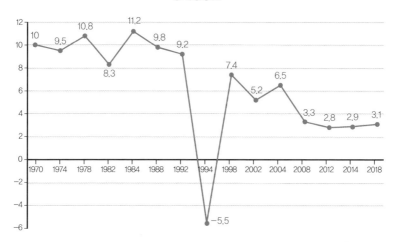

경제성장률

출처: 통계청

먼저 경제성장률(위 그림 참조)을 보면, 1970년대에는 10%, 1980년대에는 9%, 1990년대에는 7%, 2000년대 초반에는 4%, 2010년 이후에는 3%, 2014년은 2%대로, 해가 갈수록 둔화되고 있다.

소비자 물가상승률이 낮은 것이 꼭 나쁜 것만은 아니다. 하지만 경제성장률이 낮은 상태에서 소비가 위축되어 물가가 낮은 것이라면 문제가 있다. 기업에서 생산한 물건들이 팔리지 않아 가격을 낮게 책정해야 할 경우 기업은 생산량을 줄이게 된다. 생산량을 줄이면 종업원의 고용을 줄이거나 임금을 삭감할 것이고, 고용을 줄이거나 임금을 삭감하면 종업원들은 소비를 줄이게 된다. 그러면 물가는 더 낮아지고…… 이런 악순환이 반복될 수 있다.

다음의 소비자 물가상승률 추이를 보면 경제성장률 하락 추이와 더불어 소비자 물가상승률이 지속적으로 하락하는 것을 알 수 있다. 1990년대 약 6%대의 소비자 물가상승률은 2000년대 4%대로, 2010년대에는 3%대에서 최근에는 1~2%대를 나타내고 있다. 이처럼 과거와 다른 패턴, 즉 패러다임의 변화가 일어나고 있다는 것을 소비자 물가상승률을 통해서도 유추해볼 수 있다.

소비자 물가상승률 추이

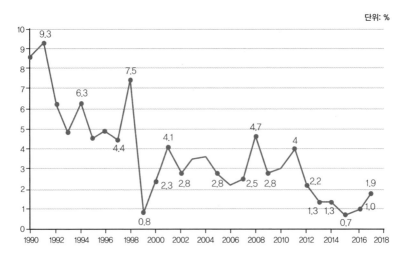

단위: %

출처: 통계청

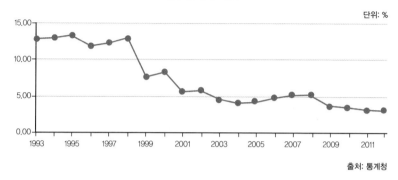

예금 금리 추이표

단위: %

출처: 통계청

나는 1993년에 은행에 입사했다. 그때의 예금 금리가 생각난다. 노후생활 연금신탁 연 22%, 개인연금신탁 25%(반기복리), 정기예금 금리 12%, 재형저축 금리 20% 등 대부분의 신탁상품 금리가 10%대 후반에서 20%대를 형성하고 있었고, 정기예금이나 정기적금 등은 10%대 중반이었다.

다음 '1980년대 은행 금리표'를 보면 격세지감을 느낄 것이다. 1980년대 이후에 태어난 세대라면 '이런 시절도 있었구나' 하는 생각이 들 것이다. 1년 미만의 단기예금 금리가 무려 19.2%, 21.3%로 1년 이상은 모두 20% 중반이고, 재형저축은 27.4%, 30.3%, 33.5%, 36.5%였다.

하지만 요즘의 금리('2018년 12월 시중 은행 금리' 표 참조)는 어떤가? 대부분 2% 미만이고, 단기 금리는 1% 미만이다.

은행의 금리는 무엇을 말하는가? 은행 금리는 은행이 예금주로

종 별	계약기간	이율(%)	월불입금	만기원리금(稅控除後)
1백만원기준 銀行金利表				<단위 : 원>
정기예금	3 개월이상	19.2		1,045,180
	6 년 //	21.3		1,100,243
	1 년 //	24.0		1,225,900
정기적금	6 개월 제	18.6	160,400	1,049,133
	1 년 //	20.6	76,900	1,096,854
	1 년반 //	21.6	49,200	1,142,505
	2 년 //	22.6	35,300	1,187,685
	2 년반 //	23.8	26,900	1,233,430
	3 년 //	25.0	23,100	1,278,139
재형저축	1 년 제	27.4		17,676
	2 //	30.3		95,281
	3 //	33.5		181,061
	5 //	36.5		538,083
상호부금	15 개월 제	20.6	60,400	1,029,467
	35 //	25.0	22,600	1,085,376
	60 //	27.5	11,500	1,168,584
금전신탁	1 년 이상	24.0		1,239,454
	1 년 6 개월	24.2		1,384,683
	2 년 6 //	25.0		1,754,912
	3 년 6 //	25.4		2,232,312

재형저축은 월 1 만원 불입 만기 수취 이자임.

短資金利表 <단위 : 원>

부터 빌리는 돈의 이자다. 은행이 돈을 빌려서 대출을 해줄 때 받는 금리가 대출 금리다. 1980년대 은행이 20% 전후의 높은 금리를 주고도 돈을 빌렸던 것은 더 높은 이자를 받고 돈을 빌려줄 곳이 많았기 때문이다.

과거에는 성장성이 높은 곳이 많아 투자하기 위해 기업이나 개인이 은행에 높은 이자를 주고도 돈을 빌렸지만 지금은 투자할 곳이 적기 때문에 이자가 낮아도 돈을 빌리려고 하지 않는다. 돈을 쓰려는 사람은 적고 오히려 돈을 빌려주려는 사람은 많다. 그래서 금리는 내려간다. 금리에서도 수요와 공급의 법칙이 딱 맞아떨어진다.

2018년 12월 시중 은행 금리

종별	기간	이율(%)
정기예금	3개월	1.2
	6개월	1.45
	1년 이상	1.6
정기적금	6개월	1.7
	12개월	1.8
	24개월	1.85
	36개월	1.9

출처: 전국은행연합회

 투자 정보나 사업 기회가 적은 가계가 주로 돈을 빌린다. 그리고 돈을 빌려 집을 산다. 가계 대출 1500조 원 시대(2018년 3분기 기준)! 당신은 이런 상황을 어떻게 해석하는가? 이러한 시대에 혹시 당신도 대출을 받아 집을 사고 있는가? 왜 돈 있는 대기업에서는 주택에 투자하지 않을까? 기업들은 두부 공장도 사고, 순대 공장도 사고, 빵집도 사고, 식당도 사고, 편의점도 사서 서민들이 하고 있는 생계형 사업에 뛰어들어 투자하면서 왜 주택에는 투자하지 않고 지어서 팔려고만 할까? 우리 모두 정신을 바짝 차려야 한다.

평생 살 집? 언제든 팔 집?

많은 사람들이 말한다. "집 한 채 정도는 가지고 있어야지! 살 집은 있어야지!" 맞는 말이다. 하늘 아래 내 몸 하나 누울 집 한 채는 있어야 하지 않겠는가.

미국에서 인정받는 금융자격증의 하나가 CFP(Certified Financial Planner)다. 우리나라에서는 국제공인 재무설계사라고 부른다.

CFP에서는 자산을 다음과 같이 분류하고 있다. 언제든지 원금 손실 없이 사용할 수 있는 유동자산, 원금 손실의 위험이 있지만 수익의 기회도 있는 투자자산, 노후에 연금으로 사용할 수 있는 연금자산, 신체적·재산적 손실에 대비하는 보장자산, 처분 목적이 아닌 사용 목적으로 보유·사용하는 사용자산, 그리고 기타 자산이다.

CFP에서는 주택을 사용자산으로 분류한다. 주택은 본래 처분하여 다른 목적으로 활용하기 위한 것이 아니라 가족이 잠을 자고 먹고 쉬고 함께 생활하는 공간의 기능을 가진다. 퇴직하기 전까지만 살고 퇴직 이후에는 팔아서 차액으로 노후자금을 준비하는 그런 자산이 아니다.

재무설계사인 나는 많은 사람들을 상담하면서 '어떤 집이 진짜 집일까' 하고 생각해보았다. 수십 년이 흘렀어도 시골 내 고향 집에는 스무 살에 시집와서 62년째 같은 집에서 살고 계신 어머니가 있다. 어머니는 62년 동안 집값이 얼마나 올랐는지 내렸는지 알아 보신 적이 없다. 이 집을 팔아서 아이들 등록금에 보태야지, 아들 장가 갈 때 보태야지, 내가 늙으면 노후자금으로 써야지……. 이런 생각을 해보신 적이 없다.

나는 내 어머니처럼 생각하는 집이 바로 진짜 집이라고 생각한다. 당신이 혹시라도 집 근처의 부동산에 붙어 있는 시세표를 유심히 보았거나, 살고 있는 집의 시세를 인터넷에서 찾아본 적이 있다면 그것은 평생 살 집이 아니라 투자자산으로 여기고 있다는 증거다. '살면서 집 한 채는 있어야지' 할 때의 그런 집이 아니다. 그 집값의 변동에 따라 당신 인생의 행복지수가 달라질 수 있다.

사람은 어제보다는 오늘이, 오늘보다는 내일이 더 나을 거라고 생각할 때 안정감과 행복감을 느낀다. 퇴직 전까지만 내가 원하는 것을 누리고, 퇴직 이후에는 아무렇게나 되어도 상관없다면 그것이 정말 내가 원하는 인생일까? 살고 있는 집이 투자자산이라는 생각이 들면 사용자산으로 바꿔라. 지금이라도 평생 살 수 있는 수준의 집으로 바꿔라. 그래야 평생 안정적으로 살아갈 수 있다.

2

통계는
내일의 예고편이다

인구구조는
모든 것을 미리 말해준다.
— 오종윤

인구구조만 봐도
국가의 미래가 보인다

인구구조가 우리에게 알려주는 것

인구구조의 변화를 읽을 수 있으면 미래를 볼 수 있다. 자산가격을 결정하는 가장 중요한 요인은 인구수와 인구의 질이다. 인구수는 총인구, 연령대별 인구 등을 통해서 수요를 예측해볼 수 있고, 인구의 질은 구매력을 알려준다. 구매력은 1인당 GDP와 총 GDP 등의 지표를 통해 알 수 있다.

인구수와 인구의 질을 보여주는 것 중 하나가 인구구조표다. 인구구조표는 주로 연령대별 인구수를 도표로 나타낸 그래프를 많이 활용한다. 초등학교 때 인구구조표로 후진국형과 선진국형을 판단하고 시험 문제를 풀기도 했다. 피라미드형 인구구조는 후진국형이

올봄에
양파를 너무
많이 심어서
공급 과잉으로
값 폭락이 뻔한데…
그래도 계약구매
하실 분~!
없어요?

출산율이 낮아져서
집이 남아돌아
폭락이 예상되는데
그래도 부동산에
투자하실 분~!

고, 종형 인구구조는 선진국형 인구구조라고 배웠다. 학창 시절에는 선진국형이 무조건 좋은 것으로 착각해서 인구구조도 선진국형이 좋은 것인 줄 알았다. 하지만 자산관리와 재무설계를 직업으로 삼다 보니 지금은 내가 얼마나 세뇌를 당했는지 깨달았다.

우리나라의 인구구조는 1970년대, 1980년대의 피라미드 구조에서 1990년대의 종형을 거쳐 2000년대는 역피라미드형으로 바뀌고 있다. 피라미드 구조는 40대 인구보다 30대 인구가 더 많고, 30대보다는 20대가, 20대보다는 10대가, 10대보다는 9세 이하의 인구가 더 많은 구조다. 어느 연령대의 인구수가 많다는 것은 향후에 그 연령대가 소비할 양이 많아진다는 뜻이다. 반대로 어느 연령대의 인구가 이전 연령대에 비해 크게 줄어든다면 이 연령대에서 소비량이 줄어들 것이라는 예측을 할 수 있다.

2040년: (10~20대 889만 명) vs (60~70대 1538만 명)

다음은 2040년의 우리나라 인구구조표다. 이 표를 신중하게 봐야 한다. 2040년에 10대는 약 436만 명, 20대는 약 453만 명, 60대는 약 781만 명, 70대는 약 757만 명이 될 것이다.

10대와 20대는 미래의 노동인구, 소비인구(주택, 가전제품, 자동차, 여행, 외식, 레저 등), 부양인구 등으로 분류할 수 있다. 60대와 70대는 피부양 인구, 복지 대상 인구, 주택 공급 인구, 중고 자동차 공급

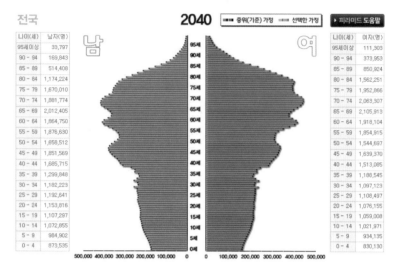

2040년 대한민국 인구구조표

출처: 통계청

인구, 은둔 주거형 인구 등으로 분류할 수 있다.

결론적으로 60대 이상의 인구가 30대 이하의 인구보다 더 많으면 그 국가의 미래는 여러 가지 측면에서 암울할 수밖에 없다. 2040년에 우리나라 60세 이상의 인구는 약 2017만 명으로 추산되고, 30세 미만의 인구는 약 1251만 명으로 추산된다. 이런 인구 추계는 막연한 예측이 아니다. 어느 정도 확정된 결과다.

어떤 사람은 이렇게 말할 것이다. '어떻게 앞으로 태어날 사람의 수를 알 수 있느냐'라고. 물론 일리 있는 반문이다. 하지만 인구구조는 그렇게 쉽게 바뀌지 않는다. 오히려 예상보다 인구구조가 더 악화될 가능성이 높다. 사망인구는 더 줄고 신생아 인구도 더 줄어드는 식으로……

이런 현상은 비단 우리나라만의 문제가 아니다. 다음의 국가별 인구구조표(73~80쪽)들을 보면 실감할 수 있다. 선진국으로 분류되는 그리스, 독일 등 유럽의 여러 나라들과 일본, 싱가포르의 인구구조가 잘 설명해주고 있다(여기서는 국가별 자세한 설명은 따로 하지 않았다). 여러 국가의 2010년과 2040년의 인구구조표를 잘 참고하면 재미있고 유익한 자료로 쓸 수 있다.

인구 고령화 문제로 몸살을 앓고 있는 나라들의 공통점 중의 하나는 바로 인구구조가 역피라미드형이라는 데 있다. 우리나라도 이들의 전철을 밟을 가능성이 매우 높다. 그런데 우리는 더 심각한 문제를 겪을 수 있다. 빠른 고령화 속도, 축적되지 못한 사회적 자본, 낮은 저축률, 낙제 수준의 은퇴 준비, 최악의 자산구조 등은 우리의 미래를 더욱 불안하게 하는 요소다.

반면에 미국의 인구구조는 매우 견실한 편이다. 인구구조가 단독주택모양(⬆)으로 노동 가능 인구가 계속 증가하고 주택, 자동차, 가전제품, 여행, 레저 등에 대한 수요가 지속적으로 늘어날 것으로 예측한다. 이러한 측면에서 미국의 경제 전망은 낙관적이라고 할 수 있다. 중국은 현재 매우 좋은 구조를 가지고 있지만, 2040년이 되면 심각한 고령사회로 진입할 것으로 예상할 수 있다. 중국도 중단기적으로는 생산과 소비에 좋은 구조를 가지고 있지만 장기적으로는 상당한 성장통을 겪게 될 것이다.

　베트남, 인도 등 개발도상국의 인구구조가 매우 바람직한 방향으로 가고 있음을 그림을 통해서 알 수 있다. 나는 지금 이러한 인구구조와 GDP 수준을 가진 나라들에 대해 관심을 가지고 연구하고 있고, 적극적인 투자를 고려하고 있다. 이 책의 주된 목적 중 하나는 앞으로 노동, 생산, 소비 인구가 증가하고 출산율이 2명대로 낮아지는 인구구조를 가진 나라에 투자하는 것이 왜 희망적인지 그 근거를 숫자로 제시하는 것이다.

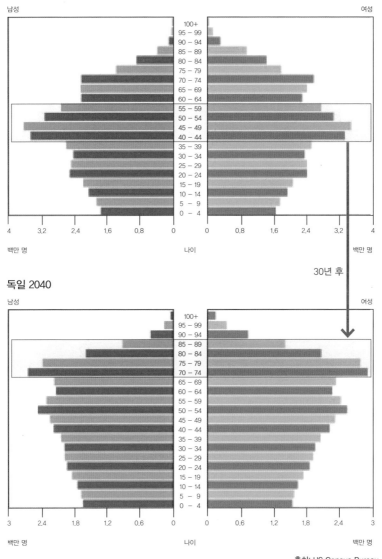

심각한 인구구조 문제를 겪게 될 독일

독일 2010

남성   여성

100+
95 - 99
90 - 94
85 - 89
80 - 84
75 - 79
70 - 74
65 - 69
60 - 64
55 - 59
50 - 54
45 - 49
40 - 44
35 - 39
30 - 34
25 - 29
20 - 24
15 - 19
10 - 14
5 - 9
0 - 4

4   3,2   2,4   1,6   0,8   0   0   0,8   1,6   2,4   3,2   4

백만 명   나이   백만 명

30년 후

독일 2040

남성   여성

100+
95 - 99
90 - 94
85 - 89
80 - 84
75 - 79
70 - 74
65 - 69
60 - 64
55 - 59
50 - 54
45 - 49
40 - 44
35 - 39
30 - 34
25 - 29
20 - 24
15 - 19
10 - 14
5 - 9
0 - 4

3   2,4   1,8   1,2   0,6   0   0   0,6   1,2   1,8   2,4   3

백만 명   나이   백만 명

출처: US Census Bureau

매우 심각한 인구구조 문제에 봉착할 그리스

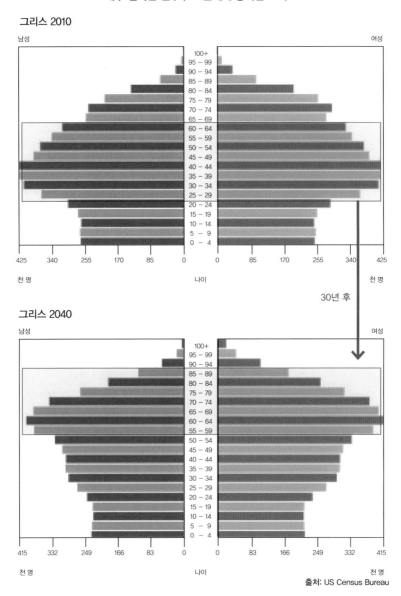

그리스 2010

남성   여성

| | | | | | |
| 425 | 340 | 255 | 170 | 85 | 0 |

천 명   나이   천 명

30년 후

그리스 2040

남성   여성

| | | | | | |
| 415 | 332 | 249 | 166 | 83 | 0 |

천 명   나이   천 명

출처: US Census Bureau

안정적 인구구조를 가지고 있는 미국

미국 2010

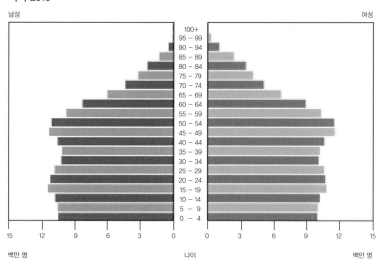

미국 2040

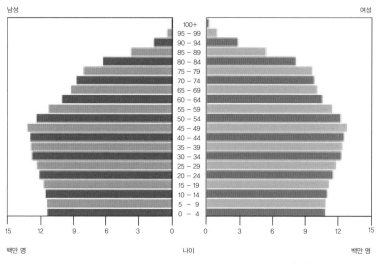

출처: US Census Bureau

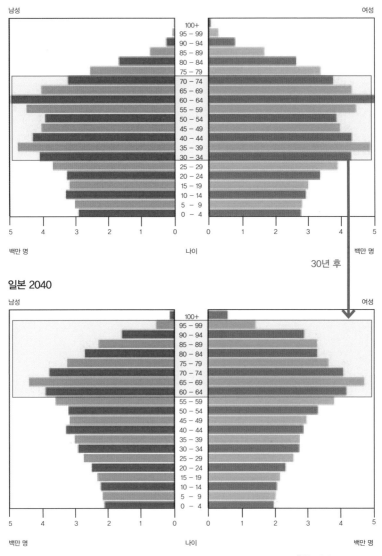

매우 심각한 인구구조 문제를 가지고 있는 일본

일본 2010

남성   여성

100+
95 – 99
90 – 94
85 – 89
80 – 84
75 – 79
70 – 74
65 – 69
60 – 64
55 – 59
50 – 54
45 – 49
40 – 44
35 – 39
30 – 34
25 – 29
20 – 24
15 – 19
10 – 14
5 – 9
0 – 4

5   4   3   2   1   0   0   1   2   3   4   5

백만 명   나이   백만 명

30년 후

일본 2040

남성   여성

100+
95 – 99
90 – 94
85 – 89
80 – 84
75 – 79
70 – 74
65 – 69
60 – 64
55 – 59
50 – 54
45 – 49
40 – 44
35 – 39
30 – 34
25 – 29
20 – 24
15 – 19
10 – 14
5 – 9
0 – 4

5   4   3   2   1   0   0   1   2   3   4   5

백만 명   나이   백만 명

출처: US Census Bureau

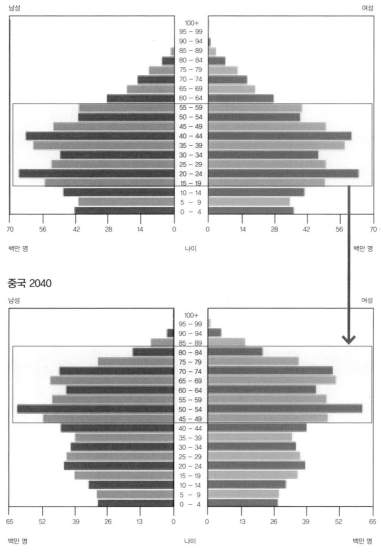

현재는 매우 좋은 인구구조를 가지고 있는 중국

중국 2010

남성   여성

남성   나이   여성
백만 명   나이   백만 명

중국 2040

남성   여성

백만 명   나이   백만 명

출처: US Census Bureau

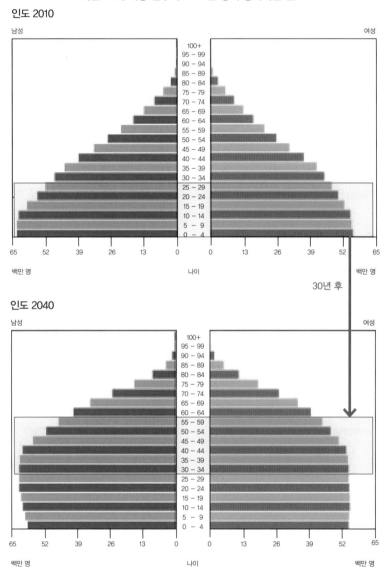

매년 25세 이상 인구가 2500만 명씩 증가하는 인도

인도 2010

남성   여성

100+
95 – 99
90 – 94
85 – 89
80 – 84
75 – 79
70 – 74
65 – 69
60 – 64
55 – 59
50 – 54
45 – 49
40 – 44
35 – 39
30 – 34
25 – 29
20 – 24
15 – 19
10 – 14
5 – 9
0 – 4

65   52   39   26   13   0   0   13   26   39   52   65

백만 명   나이   백만 명

30년 후

인도 2040

남성   여성

100+
95 – 99
90 – 94
85 – 89
80 – 84
75 – 79
70 – 74
65 – 69
60 – 64
55 – 59
50 – 54
45 – 49
40 – 44
35 – 39
30 – 34
25 – 29
20 – 24
15 – 19
10 – 14
5 – 9
0 – 4

65   52   39   26   13   0   0   13   26   39   52   65

백만 명   나이   백만 명

출처: US Census Bureau

매년 40대 인구가 급증하는 베트남

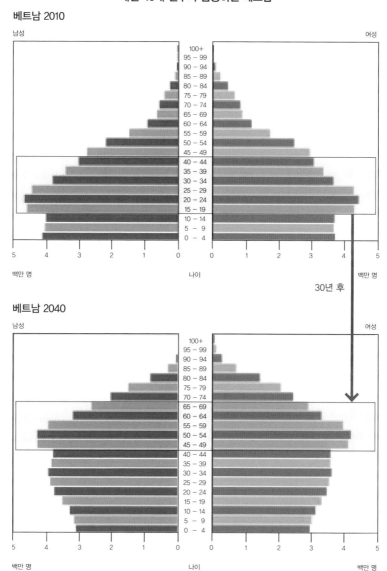

베트남 2010

남성 　　　　　　　　　　　　　　　　　　　 여성

100+	
95 – 99	
90 – 94	
85 – 89	
80 – 84	
75 – 79	
70 – 74	
65 – 69	
60 – 64	
55 – 59	
50 – 54	
45 – 49	
40 – 44	
35 – 39	
30 – 34	
25 – 29	
20 – 24	
15 – 19	
10 – 14	
5 – 9	
0 – 4	

5　4　3　2　1　0　　0　1　2　3　4　5

백만 명 　　　　　　　　 나이 　　　　　　　 백만 명

30년 후

베트남 2040

남성 　　　　　　　　　　　　　　　　　　　 여성

5　4　3　2　1　0　　0　1　2　3　4　5

백만 명 　　　　　　　　 나이 　　　　　　　 백만 명

출처: US Census Bureau

심각한 저출산으로 몸살이 예상되는 싱가포르

싱가포르 2010

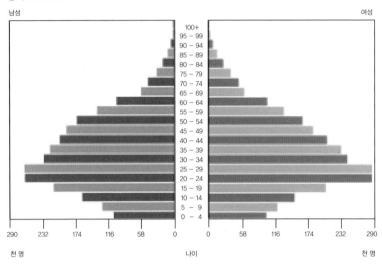

남성   여성

100+
95 - 99
90 - 94
85 - 89
80 - 84
75 - 79
70 - 74
65 - 69
60 - 64
55 - 59
50 - 54
45 - 49
40 - 44
35 - 39
30 - 34
25 - 29
20 - 24
15 - 19
10 - 14
5 - 9
0 - 4

290   232   174   116   58   0   0   58   116   174   232   290

천 명   나이   천 명

싱가포르 2040

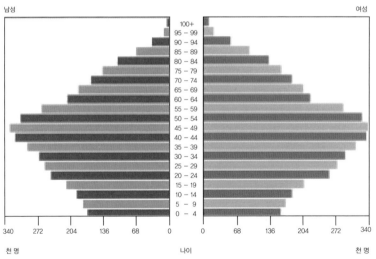

남성   여성

100+
95 - 99
90 - 94
85 - 89
80 - 84
75 - 79
70 - 74
65 - 69
60 - 64
55 - 59
50 - 54
45 - 49
40 - 44
35 - 39
30 - 34
25 - 29
20 - 24
15 - 19
10 - 14
5 - 9
0 - 4

340   272   204   136   68   0   0   68   136   204   272   340

천 명   나이   천 명

출처: US Census Bureau

사고 싶어도
살 수 없는 현실

수요와 공급의 법칙

상품의 가격은 어떻게 결정될까? 상품의 가격은 사는 사람(수요)과 파는 사람(공급)에 의해서 결정된다. 우리는 살면서 수도 없이 이런 수요와 공급의 법칙을 경험한다. 예를 들면 어느 해에 배추가 풍년이 들었다고 가정하자. 그해에 배추 가격은 어떻게 될까? 보통 풍년이 든 농산물은 가격이 폭락한다. 이로 인해 밭에서 배추가 그대로 썩어가거나, 농부가 트랙터로 배추 밭을 갈아엎는 장면이 텔레비전 뉴스에 등장한다. 반대로 가뭄이나 태풍 등으로 인해 배추 농사를 망친 해는 어떠한가? 배춧값이 폭등한다. 몇 년 전에 지나치게 긴 장마 때문에 농산물이 제대로 자라지 못했다. 특히 우리나라 사람들이 삼겹살을 먹을 때 함께 먹는 상추가 금값이 된 적이 있었다. 어떤 손님이 상추를 더 달라고 했더니 상추 대신 삼겹살을 서비스로 가져다주더라는 우스갯소리가 나왔다. 흉년으로 공급이 달린 상추가 비싸면 이런 진풍경이 벌어지기도 한다.

농산물에 대한 수요(인구수)는 단기적으로 크게 변하지 않지만 공급량은 농작물의 작황에 따라 크게 변한다. 이 때문에 농산물 가격이 폭락하기도 하고, 폭등하기도 한다. 여기에서 우리는 수요와 공급의 법칙을 확실히 배울 수 있다.

물론 정보의 비대칭성, 시간 차이, 사람들의 인식 등에 의해 수요와 공급의 원칙과 다르게 가격이 결정될 수는 있다. 하지만 이것은 일시적인 현상이다. 시간이 지나면 결국 수요와 공급에 의해 적정 가격으로 수렴된다.

사고 싶은 사람과 살 수 없는 사람

배춧값은 그렇다 치고 주택가격을 결정하는 것은 무엇일까? 주택가격 역시 수요와 공급에 의해서 결정된다. 주택가격은 주택을 사려는 사람과 주택을 팔려는 사람의 수에 의해서 결정된다. 그래서 아파트에 대한 수요와 공급을 보기 위해서는 연령대별 인구수를 파악하는 것이 매우 중요하다. 연령대별 인구수에 따라서 아파트 가격이 결정되기 때문이다. 주택을 구입하기 전에 우리나라의 인구구조를 정확하게 파악할 필요가 있다.

나는 재무설계 상담 서비스를 제공하기 위해 수없이 많은 고객들을 만난다. 하지만 내가 만난 사람들 중에서 20대, 30대, 40대, 50대, 60세 이상의 인구 분포를 정확하게 파악하고 구매 결정을 내리는 사람을 거의 보지 못했다.

혹시 이 글을 읽고 있는 당신은 어떤가? 2000년대 이후에 신생아 수가 몇 명인지 알고 있는가? 다음의 그래프는 우리나라의 신생아 수 및 출산율 추이를 잘 보여준다. 1970년대 1명의 가임 여성이 4명의 아이를 출산했다면 2014년도에는 1명만 낳고 있다. 1955년에서 1983년까지는 한 해에 약 70만 명에서 100만 명 정도가 태어

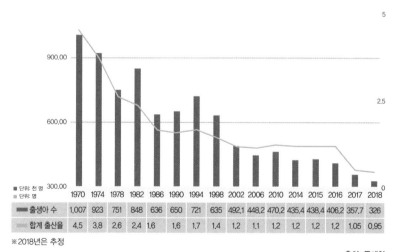

출생아 수 및 합계 출산율

	1970	1974	1978	1982	1986	1990	1994	1998	2002	2006	2010	2014	2015	2016	2017	2018
■ 출생아 수	1,007	923	751	848	636	650	721	635	492,1	448,2	470,2	435,4	438,4	406,2	357,7	326
합계 출산율	4,5	3,8	2,6	2,4	1,6	1,6	1,7	1,4	1,2	1,1	1,2	1,2	1,2	1,2	1,05	0,95

■ 단위: 천 명
■ 단위: 명

※2018년은 추정

출처: 통계청

나다가, 1984년 이후 60만 명대로, 2000년 이후에는 40만 명대로 감소했고, 2017년 이후에는 30만 명대로 급감했고, 이후 20만 명대로 하락할 것으로 전망하고 있다.

주택가격의 변동 원인을 파악하고 앞으로 주택가격이 어떻게 변할 것인가를 예측해보려면 연령대별 인구를 파악하는 것이 무엇보다 중요하다. 주택가격은 연령대별 인구에 의해서 결정된다고 해도 과언이 아니기 때문이다. 인구를 더 세분해서 본다면 주택의 수요와 공급이 앞으로 어떻게 전개될지 예상할 수 있다. 단순히 인구구조만 보는 것이 아니라 구매력을 고려하여 분석한다면 더 유익할 것이다.

연령대별 인구수만 파악해보면 아파트를 사려고 하는 사람과 사고 싶어하는 사람은 무수히 많다. 결혼 적령기가 되거나 아이들이 자라면서 집을 사려는 사람, 더 큰 집으로 이사하고 싶어하는 사람은 분명 많이 있다. 지금보다 학군이 더 좋은 곳, 상권이 발달한 곳, 편의시설이 잘되어 있는 곳, 부자들이 더 많이 사는 곳에서 살기를 원하고 그런 집을 원하는 사람들도 많다.

하지만 누구나 지금보다 더 좋은 집을 살 수 있는 것은 아니다. 물론 그만큼 자금을 가지고 있다면 원하는 주택을 살 수 있다. 하지만 자금이 없으면 아무리 원해도 살 수 없다. 구매할 능력이 없으면 다른 상품과 마찬가지로 주택 역시 구입하지 못한다. 이처럼 주택을 사고 싶지만 현재로서는 살 능력이 없는 사람들을 주택에 대한 희망 수요(hoping demand)라고 한다.

반면에 주택을 구입할 자금 여력을 가지고 있고 주택을 구매하고자 하는 사람을 주택에 대한 잠재 수요(potential demand)라고 한다. 주택의 희망 수요와 잠재 수요의 개념을 잘 숙지하고 다음 단계를 이해해보자.

어제는 공급 부족,
내일은 공급 과잉

연령대별 주택의 수요와 공급

우리나라 사람은 어느 연령대에 어떤 계기로 최초로 집을 구입 또는 임차하려 할까? 보통은 결혼 또는 분가하면서 집을 사거나 임차를 하려 한다. 우리나라 사람들의 평균 결혼연령은 몇 살일까? 통계청 자료(2017년 기준)에 따르면 남성은 33세, 여성은 30세이며, 매년 약 0.1~0.2년씩 초혼 연령이 늦어지고 있는 것으로 나타났다. 이 결혼연령을 기준으로 보았을 때 우리나라 사람들은 평균적으로 30세 이후에 최초로 집을 사고자 하는 것으로 보면 될 것 같다.

그렇다면 앞으로 매년 몇 쌍이 집을 사려 할까? 통계청 자료에 따르면 2012년 33만 쌍, 2013년 32만 쌍, 2017년 26만 쌍이 결혼을 했다. 혼인 인구는 매년 약 2~3%씩 줄어들고 있다. 이런 통계를 근거로 분석해보면 결혼으로 인해 새롭게 주택을 구입하거나 임차할 수요는 매년 약 30만 채가 필요한 것으로 볼 수 있다. 현재 매년 30세에 이르는 인구수가 약 60만 명대로 줄었고 이중 26만 쌍 내외가 결혼을 하는 것으로 보아 30세 인구의 80% 정도가 결혼하는 것을 알 수 있다. 이 수치는 앞으로 20년 후를 예측하기 위한 기초자료이므로 꼭 기억해두길 바란다.

사망은 주택의 강제공급 요인

결혼이 주택 수요의 원인이라면 사망은 주택 공급 요인이다. 결혼을 하면 보통 분가를 하게 되고, 분가는 곧 주택의 수요 요인이다. 하지만 사망하게 되면 집을 떠나 묘지나 납골당으로 모셔지므로 사망한 사람이 살던 집은 상속되거나 매물로 나오게 된다. 즉 사망하는 사람들로 인해 주택의 공급량이 필요에 의해서가 아니라 강제적으로 증가하게 된다. 사망하는 사람의 숫자는 앞으로 주택가격을 결정하는 매우 중요한 변수가 될 것이다. 그러므로 태어나는 신생아 수보다 사망하는 사람 수가 30대의 결혼이나 분가만큼 주택의 수요와 공급에 더 영향을 미친다.

다음의 표는 예상 출생자 수와 예상 사망자 수를 보여준다. 통계청 자료에 따르면 우리나라 사망인구는 2010년 26만 명이었고,

출생자 수와 사망자 수

연도	총인구(명)	출생(명)	사망(명)
2010	49,410,366	486,000	261,000
2020	51,435,495	451,000	356,000
2030	52,160,065	409,000	453,000
2040	51,091,352	325,000	576,000
2050	48,121,275	306,000	718,000
2060	43,959,375	285,000	751,000

출처: 통계청

2020년에는 36만 명, 2030년에는 45만 명, 2040년에는 58만 명, 2050년에는 72만 명이 될 것으로 예상하고 있다. 반면 신생아 수는 지속적으로 감소하여 2040년에는 30만 명대로 떨어질 것이라는 통계청의 예상이 있었으나 2017년에 이미 30만 명대로 감소했다.

이렇게 될 경우 우리나라 주택의 수요와 공급은 크게 어긋나게 된다. 출생자 수와 사망자 수의 차이는 결국 빈집을 양산하게 되고, 이는 곧 집값을 크게 떨어뜨릴 것이다. 당신은 어떻게 생각하는가?

사망인구 수는 최근 10년 동안(2012~2018년) 매년 약 1.3%씩 증가하는 양상을 보이고 있다. 2명이 사망하면서 주택 1채를 공급한다고 가정하면 매년 약 13만 채 정도가 강제로 공급된다고 볼 수 있다.

결혼과 사망만을 기준으로 보면 매년 약 17만 채의 주택이 부족하다. 물론 이러한 분석 방식에 이의를 제기하는 사람이 있을 것이다. 결혼한다고 모두가 분가를 하느냐? 모든 사람들이 집을 남기고 죽느냐? 그리고 1인 가구도 많이 늘지 않았느냐? 등등. 그런데 정확하게 맞지 않을지 모르지만, 또한 시점의 차이는 있더라도 일정한 시간이 지나면 대체로 맞아떨어질 것이다.

주택은 거주자의 사망으로 인한 요인 외에도 재건축, 재개발, 신축, 신규 분양 등에 의해서도 공급된다. 전국 아파트 신규 분양 물량은 2013년에 28만, 2014년에 34만, 2015년에는 52만, 2016년에는 50만여 가구가 분양되었다. 여기에 다가구, 빌라, 오피스텔, 개인 신축, 재개발 등을 포함하면 실제 주택 공급 물량은 훨씬 더 많은 것으로 예상된다. 결혼과 사망 통계와 1인 가구 증가 수를 고려한다고 하더라도 현재의 주택 공급 물량은 수요 예상치를 훨씬 웃돈다. 매년 부족한 주택은 17만 채 전후인데, 공급은 40만 채를 넘는다. 이 일이 어떤 결과로 이어질지 예의주시할 필요가 있다.

호사유피(虎死留皮), 인사유택(人死留宅)

이렇게 주택 공급 물량이 수요 예상치를 웃돌 때, 주택가격은 어떻게 될까?

이 시계열을 베이비부머가 평균 수명에 따라서 사망하는 시점으로 이동시켜보자. 현재 한국인의 평균 수명은 약 80세다. 그렇다면

1955년생이 평균 사망 연령에 이르는 해는 2035년이다. 이때는 몇 명이 결혼하고 몇 명이 사망할까? 2035년에 결혼할 사람들이 태어난 연도는 2005년이고, 2005년에 평균적으로 태어난 인구수는 약 44만 명이다. 이 인구의 약 85%가 결혼을 한다고 가정하면 약 18만 쌍이 결혼을 하게 되므로 추가로 필요한 집은 18만 채다. 그리고 앞의 통계청 자료에 따르면 2035년경에는 약 50만 명의 사망이 예상되므로, 2명 사망으로 인해 집 1채가 공급된다고 가정하면 사망으로 인한 강제 주택 공급은 25만 채 정도가 된다. 다시 말해 사망과 결혼이라는 자연 현상으로 인해 1년에 약 7만 채의 공급 초과 현상이 발생한다. 그리고 그 차이는 해가 갈수록 더 커질 것이다.

연령별 인구만 알면 삼척동자도 예상할 수 있는 수치다. 다음의 2010년, 2040년 연령대별 인구구조(91쪽)와 2010년, 2040년 지역별 연령대 인구 비교(92쪽)를 보면 이해하는 데 도움이 된다.

옛말에 '호랑이는 죽어서 가죽을 남기고 사람은 죽어서 이름을 남긴다(虎死留皮 人死留名)'고 했다. 하지만 요즘은 다른 것 같다. 호사유피는 동일한데 사람이 죽으면 이름은 간데없고 집만 덩그러니 남는 것 같다. 호사유피 인사유택, 즉 사람은 죽어서 집을 남긴다고 해야 맞다.

이러한 현상은 2040년이 지나면 더 심해질 것이다. 통계청의 장래 인구 추계를 살펴보면 우리나라의 인구는 2030년을 정점으로 지속적으로 하락할 것으로 예상된다. 2040년에는 한 해 사망자 수가

2010년, 2040년 연령대별 인구구조

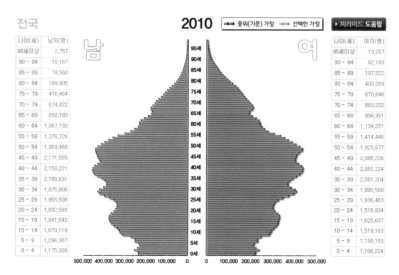

나이(세)	남자(명)
95세이상	2,757
90 - 94	18,167
85 - 89	74,560
80 - 84	189,905
75 - 79	416,464
70 - 74	674,822
65 - 69	850,193
60 - 64	1,067,730
55 - 59	1,376,726
50 - 54	1,959,468
45 - 49	2,171,555
40 - 44	2,158,221
35 - 39	2,180,814
30 - 34	1,975,806
25 - 29	1,955,508
20 - 24	1,692,593
15 - 19	1,841,542
10 - 14	1,679,119
5 - 9	1,296,387
0 - 4	1,175,328

나이(세)	여자(명)
95세이상	13,267
90 - 94	62,183
85 - 89	197,522
80 - 84	400,269
75 - 79	670,846
70 - 74	883,202
65 - 69	996,951
60 - 64	1,134,251
55 - 59	1,414,446
50 - 54	1,925,677
45 - 49	2,095,226
40 - 44	2,082,224
35 - 39	2,081,304
30 - 34	1,890,560
25 - 29	1,836,463
20 - 24	1,516,934
15 - 19	1,625,637
10 - 14	1,519,163
5 - 9	1,199,153
0 - 4	1,106,224

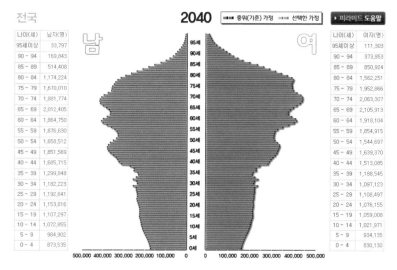

나이(세)	남자(명)
95세이상	33,797
90 - 94	169,843
85 - 89	514,408
80 - 84	1,174,224
75 - 79	1,670,010
70 - 74	1,881,774
65 - 69	2,012,405
60 - 64	1,864,750
55 - 59	1,876,630
50 - 54	1,658,512
45 - 49	1,851,569
40 - 44	1,685,715
35 - 39	1,299,848
30 - 34	1,182,223
25 - 29	1,192,641
20 - 24	1,153,816
15 - 19	1,107,297
10 - 14	1,072,855
5 - 9	984,902
0 - 4	873,535

나이(세)	여자(명)
95세이상	111,303
90 - 94	373,953
85 - 89	850,924
80 - 84	1,562,251
75 - 79	1,952,866
70 - 74	2,063,307
65 - 69	2,105,913
60 - 64	1,918,104
55 - 59	1,854,915
50 - 54	1,544,697
45 - 49	1,639,370
40 - 44	1,513,085
35 - 39	1,188,545
30 - 34	1,097,123
25 - 29	1,108,497
20 - 24	1,076,155
15 - 19	1,059,008
10 - 14	1,021,971
5 - 9	934,135
0 - 4	830,130

출처: 통계청

지역	연령대	2010년(명)	2040년(명)	증감률(%)
전국	20세 이하	11,225,387	6,899,026	-39
	60세 이상	7,606,903	20,259,832	166
서울특별시	20세 이하	1,915,671	1,227,141	-36
	60세 이상	1,397,792	3,449,513	147
부산광역시	20세 이하	719,675	391,801	-45
	60세 이상	590,036	1,332,809	126
대구광역시	20세 이하	574,156	328,013	-43
	60세 이상	364,670	908,900	149
인천광역시	20세 이하	635,388	509,484	-20
	60세 이상	335,852	1,180,608	252
광주광역시	20세 이하	389,797	257,625	-34
	60세 이상	193,481	515,518	166
대전광역시	20세 이하	376,863	261,904	-31
	60세 이상	189,220	542,050	186
울산광역시	20세 이하	277,316	186,563	-33
	60세 이상	115,136	392,622	241

출처: 통계청

58만 명에 이를 것으로 보이는데, 그렇다면 사망으로 인한 주택 강제 공급은 한 해에 약 29만 채이고, 결혼으로 인한 주택 수요는 약 18만 채이므로 주택 초과 공급은 매년 약 11만 채에 이른다.

이렇게 될 경우 주택가격은 어떻게 될까? 2040년이라고 해봐야 지금부터 20년 뒤의 일이다. 30세의 신혼부부는 50세가 되고, 50대는 70대가 된다. 만약 지금 모든 재산을 쏟아부어 집을 샀는데 20년 후에 집값이 폭락하면 어떻게 될까? 더욱이 빚을 얻어 집을 산 사람들은 더욱 심각해진다. 20년 후면 소득이 줄거나 은퇴할 나이인데, 대출이자가 문제가 아니라 원금을 상환할 방법이나 있을지 모르겠다.

사고 싶을 때 살 수 있는
기회가 온다

2030세대의 연소득과 주택 구매력

요즘 2030세대는 주요 도시에서 집을 살 수 있을까? 현재 2030세대(1979년~1988년생까지) 인구는 약 1323만 명이다. 이들은 대부분 자기 집을 갖기를 희망할 것이다. 즉, 주택에 대한 희망 수요는 있다. 하지만 원하면 언제든지 살 수 있는 이들의 잠재 수요를 분석해볼 필요가 있다. 이들 중에 서울, 인천, 부산, 대구, 광주, 울산 등 주요 도시에서 집을 구입할 능력이 있는 사람이 얼마나 될까? 내가 지금까지 만나본 수백 명, 그리고 우리 회사 재무설계사들이 만나본 수천 명의 2030세대는 내 집을 마련할 능력이 거의 없는 것으로 나타났다. 2030세대들이 집을 살 수 있는 경우는 부모에게 지원을 받거나, 상환할 수 없는 수준의 대출을 받을 경우에만 가능했다.

우리나라 대학생들이 가장 선호하는 대기업의 평균 연봉은 얼마나 될까? 2012년 커리어(www.career.co.kr)에서 제시한 1000대 기업 신입사원의 연봉 조사표를 보면 1500만 원에서 5700만 원 사이이고, 1000대 기업체의 평균은 약 3300만 원이다. 1년에 3300만 원을 버는 신입사원이 집을 살 수 있을까? 3300만 원에서 국민연금, 건강보험료, 교통비, 통신비, 피복비, 주부식비, 관리비, 생활비, 용돈 등을 빼고 나면 저축할 수 있는 돈은 1500만 원 남짓이다. 이는 매우 근검절약하는 직장인의 경우다. 몇 년이 지난 현재는 연봉이 300~400만 원 정도 상승했다고 예상할 수 있지만, 기타 비용들이 그보다 더 많이 상승했고, 주택가격 역시 상승했다.

서울지역 아파트 평균 가격은 지역에 따라 큰 차이가 나지만 최저 평당 1500만 원에서 최고 5000만 원 정도다. 평당 평균 가격을 2000만 원으로 가정하고 신혼부부가 선호하는 20평형을 구매할 경우 필요 자금은 4억 원이다. 신입사원이 저축한 돈을 다른 곳에 쓰지 않고 오로지 집을 사는 데만 사용한다고 가정할 경우 약 27년이 걸린다. 1000대 대기업이 이 정도이니 나머지 중소기업이나 취업하지 못한 2030세대들의 상황은 더 암울하다. 집값이 오를 경우 이들이 집을 살 수 있는 가능성은 앞으로 더 낮아질 수밖에 없다.

현재 2030세대의 주택 구입에 영향을 미치는 상황을 더 살펴보자. 취업시장, 결혼시장, 대학생들의 학자금 대출 현황 등을 살펴보면 주택시장의 미래를 파악하는 데 도움이 된다. 힘들고 어두운 이야기지만 현실을 직시하고 그곳에서부터 희망을 찾아보자.

먼저 취업시장을 살펴보자. LG경제연구소의 '우리나라 20대 가치관 보고서'에 따르면 열심히 일하면 생활이 나아진다고 생각하는 사람은 43%에 불과했다. YTN의 '개념 90초, 청년들의 좌절 보고서'에 따르면 대졸자 2명 중 1명은 일자리를 구하지 못했고, 취업해도 3명 중 1명은 비정규직이라고 한다. 대학 졸업자들이 취업을 하지 못하면 결국 주택시장에도 부정적인 영향을 미치게 된다.

2030세대들의 부채 현황도 살펴보아야 한다. 요즘 대학생들은 졸업하면 취업이 더 불리해질까 봐 학자금 대출을 받으며 졸업을 미루는 실태다. 잡코리아에서 구직자 891명을 대상으로 설문조사를 했는데, 구직자 1인당 평균 부채가 약 2800만 원에 이른다고 한다. 여러 기관들의 자료를 조사하여 분석한 바에 따르면 학생들의 대출 합계가 12조 원을 넘는다. 신용유의자 수도 5만 명이 넘는다. 2014년 11월 14일 '가계금융복지조사'에 따르면 30세 미만의 가구주 부채는 전년 1401만 원에서 1558만 원으로 1년 사이에 11.2%가 늘어났고, 30대 가구주는 4890만 원에서 5235만 원으로 7%가 늘었다고 한다. 이런 상태에서 2030세대들이 주택시장의 고객으로 진입할 수 있을까?

이렇게 2030세대가 부동산 시장의 잠재 수요자가 될 수 없기 때문에 정부에서는 저금리대 대출 상품을 출시하여 이들을 주택시장의 잠재 수요자로 끌어들이려는 정책을 펴기도 했다. 이 정책은 2030세대들이 합리적으로 집을 살 수 있도록 도와주는 정책이 아니다. 젊은이들에게 더 빚을 내라고 권하는 '빚 유발 정책'일 뿐이다. 말하자면 '언 발에 오줌 누기'나 다름없다. 나는 묻고 싶다. "정책 입안자 분들! 당신의 자녀들에게도 이렇게 빚을 내서 집을 사라고 권하시나요?"

2030세대의 결혼 실태도 살펴보자. 결혼은 주택시장의 수요와 공급에 직결되는 중요한 생애 이벤트다. 결혼을 해야 전월세를 얻든 집을 사든 한다. 요즘 결혼과 관련한 시장은 꽁꽁 얼어붙었다. 전월세 폭등으로 결혼을 포기하는 사람들이 늘고 있다. 한국보건사회연구원과 사회보장학회가 2014년 11월 14일에 '한국 사회 저출산 해법을 찾는다'라는 주제로 개최한 세미나에서 '현재 애인과 1년 이내에 결혼하는 데 장애가 있다고 생각하는 청년층이 50%에 이른다'고 보고했다. 장애 요인은 결혼자금과 주거 비용이라고 했다. '대출을 받아 2억 원짜리 아파트를 얻으면 매달 100만 원에 가까운 부채를 상환해야 하는데 이를 감당할 수 없다는 것'이 세미나에 참석한 30대의 말이다.

장미여관의 노래 '장가가고 싶은 남자 시집가고 싶은 여자'는

2030세대의 현실을 적나라하게 보여준다. '장가가고 싶은 남자 시집가고 싶은 여자 하루하루 살다 보니 제자리네. 장가가고 싶은 남자 장가갈 돈은 없구요, 시집가고 싶은 여자 시집갈 남자가 없네'라는 노래 가사처럼 2030세대의 현실은 암담하다. 장가가고 싶지만 장가갈 돈이 없고 시집가고 싶지만 시집갈 돈이 없다. 이런 현상을 누가 만들었을까?

부모와 자식 간의 동상이몽

대학에서 강의 중에 학생들에게 물었다.

"집값이 오르면 좋겠다고 생각하는 학생 손들어보세요."

약 90%의 학생들이 손을 든다.

그러면 한 번 더 질문한다.

"학교 주변의 전월세 가격이 오르면 좋겠다고 생각하는 학생 손들어보세요."

아무도 손을 들지 않는다.

다시 한 번 질문을 한다.

"집값이 오르면 좋겠다고 생각하는 학생 손들어보세요."

이번에도 아무도 손을 들지 않는다.

처음 질문에는 부모님이 소유한 집을 생각해서 집값이 오르기를 바랐지만, 막상 자기 자신의 문제에 대한 질문에는 아무도 집값이 오르길 바라지 않았다.

그런데 기업체나 공기업 등에서 40~60대를 대상으로 강의할 때 '여러분들에게 가장 소중한 것이 무엇입니까?'라고 물으면 한결같이 자식이라고 대답한다. 그런데 정작 자식들이 진정으로 원하는 것이 무엇인지는 생각하지 못한다. 가끔 자신이 살고 있는 아파트 가격이 떨어지는 상황이 생기면 부녀회 등에서 집단적으로 반발하고, 심지어는 사정이 생겨 시세보다 낮게 아파트를 처분하려는 주민을 집단 따돌림하거나 가해를 할 정도로 눈앞의 이익에만 집착하는 모습을 보인다.

한 가정 안에서 부모와 자식이 서로 다른 생각을 가지고 살고 있다. 동상이몽이다. 서로 가장 아끼고 사랑하고 존경하는 관계임에도 집에 대한 생각만큼은 확실히 다르다. 부모는 집값이 올라야 행복하고, 자식은 집값이 내려야 행복하다. 그럼 어느 쪽의 소망이 이루어지는 것이 좋을까?

그나마 다행인 것은 요즘 부모들의 생각이 조금씩 바뀌고 있다는 사실이다. 자식을 결혼시킬 나이가 되니 집값이 계속 오르는 것이 부담스러워졌기 때문이다. 그러다 보니 집 매매가나 전월세가가 오르는 것이 마냥 좋지만은 않다. 모든 일이 다 자기에게 닥쳐봐야 사태를 정확하게 파악하게 되는 모양이다.

어렵게 취직한 회사에 다니는 직장인들은 새로운 고민에 빠진다. 살 집이 필요하고, 자동차도 사고 싶고, 결혼도 해야 하고, 아이를 낳아 기르는 비용도 생각해야 한다. 하지만 아무리 대기업에 입사했다고 하더라도 부모의 도움이나 대출을 받지 않고서는 집을 사기가 어렵다.

그렇다고 해서 2030세대들은 실망하지 말기 바란다. 세상은 그렇게 불공평하지만은 않다. 2030세대가 집을 살 수 없는 정도가 심각해지면 수요와 공급의 법칙에 의해 집값은 2030세대가 살 수 있는 가격대까지 하락하게 되어 있다. 그 시기가 오면 오늘은 희망 수요자로 머물고 있지만 그때는 잠재 수요자가 될 수 있다.

단, 지금 주택을 구입하지 못한다고 좌절해서 자동차 구입, 여행, 레저 등에 마음껏 돈을 쓰면 안 된다. 왜냐하면 가까운 미래에 저렴한 가격으로 원하는 주택을 구입할 기회가 올 것이기 때문이다. 기회가 왔는데, 그 기회를 잡지 못하면 평생 내 집 없이 살 각오를 해야 한다. 미래의 희망을 믿으면서 저축하고, 투자하고, 준비하라. 머지않아 2030세대들이 멋진 주택을 구입할 수 있는 기회가 반드시 온다.

3040세대에게 집이란?

30대는 그리 많지 않지만, 40대는 대출이 많든 적든 대부분 자기 집을 가지고 있다. 그런데 아직까지 집이 없는 사람들은 주택가격이 하락할 것을 기대하면서 주택 소유를 미루는 경우와 아예 집을 살 여력이 없는 경우가 있다. 고양시 행신동에 거주하는 형님이 서울로 이사를 오려고 집을 내놓은 적이 있다. 매도 희망 가격은 2억 7000만 원이었다. 그런데 몇 달이 지나도 매매가 되지 않았다. 오히려 2억 6000만 원에 전세를 살겠다는 사람이 나타났다. 직장이 서울인 형님은 자녀들이 성장하여 앞으로 고양시에서 살아야 할 이유가 없고, 집값 하락을 우려하여 집을 팔려고 했지만, 결국은 2억 6000만 원에 전세를 주고 서울로 이사하게 되었다.

세입자에게 주택 구입을 권했지만 전세로 사는 것이 소유하는 것보다 부담이 덜하다며 전세를 고집했다고 한다. 나 역시 전세로 살고 있다. 구입할 여력이 없어서라기보다는 집값이 떨어질 것을 확신하고 있기 때문이다. 내 고객들 중에서도 주택을 구입할 여력이 있는데도 집값이 떨어질 것으로 예상하고 있기 때문에 주택 구입을 미루고 전월세로 사는 경우가 많다.

이러한 경향은 나와 몇몇 사람들만의 이야기가 아니다. 최근에 전세가격 상승률이 주택 매매가격의 상승률보다 높은 현상이 나타나는 것도 바로 이 때문이다. 2015년 수도권의 전세가격 상승률은 월평균 약 0.6%대이나 매매가격 상승률은 약 0.4%로, 매매가격에 비해 전세가격의 상승률이 무려 50%나 더 높다.

e-나라지표(www.index.go.kr)에 따르면 신주택보급률(1인 가구를 포함하는 한편 다가구 주택을 개별 가구로 계산하여 산정한 주택보급률)은 103%이고, 서울·경기 등은 아직 100%에 미치지 못하는 것

으로 나타났다. 국토교통부의 주거실태 조사에 따르면 우리나라 가구의 자가주택 보유율은 53.6%였다. 특히 저소득 가계는 50% 이하이고, 고소득 가계의 자가 보유율은 69.5%에 이른다.

이러한 주택보급률 지표를 보면 3040세대 중에 주택을 구매할 수 있는 잠재 수요자 중에서 주택을 구입하여 보유하려는 사람들은 대부분 이미 주택을 보유한 경우가 많다.

주택을 구입하고 싶지만 구입할 수 없는 희망 수요자들 역시 아직은 많이 있다. 이러한 희망 수요자들을 위해 정부에서는 LTV(Loan To Value : 총부채담보비율)나 DTI(Dept To Income : 총부채상환비율) 대출 제도를 완화하고 금리 인하 정책 등을 통해 희망 수요를 잠재 수요로 바꾸려는 노력을 했다. 하지만 이러한 정책은 가계부채를 급격히 증가시켰고, 국가경제에 부담을 주고 있다. 우리나라 가계부채는 이미 1500조 원이 넘어 그 심각성이 한계에 다다르고 있다. 이를 감안할 때 저소득층이 늘어나고 LTV 비율이 높은 주택이 많아질수록 경기변동에 민감하게 반응하면서 조그만 충격에도 주택가격이 크게 요동칠 가능성이 높다.

2014년, 2015년에 이어 2017년, 2018년에도 주택가격 상승을 부추긴 요인은 대출 제도나 금리 정책뿐만이 아니었다. 이외에도 공급을 감소시키는 제도 보완, 즉 공동주택 재건축 가능 연한을 40년에서 30년으로 단축하여 주택을 인위적으로 없애는 정책이 주택가격을 상승시킨 주요한 요인이었다고 볼 수 있다. 이러한 재건축 재개발 정비구역이 전국에 2천여 곳임을 감안한다면, 앞으로 2~5년 후에는 오히려 주택 공급 요인이 되어 주택가격에 부정적인 요인으로 작용할 것이 분명하다.

다양한 요인들이 복합적으로 작용하면서 3040세대의 주택 구입이 늦어지는 것이 현실이다. 가계 소비지출 구조만 보더라도 3040세대가 주택을 구입하기는 쉽지 않은 상황이다. 그런데 40대의 소비지출 구조를 보면 또 다른 해석을 할 수 있다. 40대의 가장 큰 지출은 자녀교육비다. 40대 가정의 대부분은 중학교나 고등학교에 다니는 자녀를 두고 있다. 서울시의 자료에 따르면, 2017년 서울시 전체 사교육 참여율은 76.7%로 초등학생 86%, 중학생 74.5%, 고등학생 64.4%에 이르고, 월평균 사교육비는 초등학생 34만 1000원, 중학생 41만 6000원, 고등학생 44만 3000원이 들어간다. 40대가 중학생 1명, 고등학생 1명의 자녀를 두고 있다면 사교육비로 매달 85만 9000원이 들어간다는 계산이 나온다. 여기에다 공교육비와 주부교재비를 더하면 교육비로 약 130만 원 정도가 들어간다. 40대의 평균 가처분소득이 350만 원임을 감안하면 자녀들의 교육비를 부담하느라 대학 등록금, 은퇴 준비, 대출원금 상환 등은 엄두도 낼 수 없다.

자녀를 둔 40대는 대부분 사교육 및 공교육비가 들어가고, 자동차를 가지고 있고, 휴대전화를 가지고 있고, 한 달에 두세 번은 외식을 하고, 1년에 한두 번은 국내나 해외로 여행을 다니고 있을 것이다.

이런저런 상황을 감안할 때 3040세대가 주택을 소유하면서 정상적인 삶을 유지하기는 만만치 않아 보인다.

소득 제로 시대,
주택이 희망이 될까?

평균 퇴직연령과 주택가격

평균 퇴직연령과 주택가격은 어떤 관계가 있을까? 우리나라 직장인의 평균 퇴직연령은 직종에 따라서 다르다. 잡코리아에서 조사한 바에 따르면 기업 형태별 직장인 평균 체감 퇴직연령은 대기업 47.8세, 중소·벤처기업 47.3세, 공기업·공공기관 52.2세, 외국계 기업 47.2세다. 한국인의 평균 퇴직연령은 53세이고, 희망 퇴직연령은 71세다. 이중에서 사무직 종사자의 평균 퇴직연령은 50세, 생산직 근로자의 평균 퇴직연령은 56세, 공무원의 퇴직연령은 60세다.

데이터를 종합해서 보면 대체로 48세부터 퇴직이 시작되고 60세에는 거의 모든 직장인들이 퇴직을 하게 된다. 물론 직종에 따라서

12년 정도 차이가 난다. 그런데 그것은 그렇게 중요하지 않아 보인다. 한국인의 평균 수명은 이미 80세를 넘어섰고 여성은 85세를 넘어섰다. 그리고 이제는 100세 시대라는 말이 당연하게 들린다. 50세에 은퇴하느냐 60세에 은퇴하느냐에 따라 약간의 차이는 있겠지만 근본적으로 다르지 않다. 퇴직 후에 남은 삶이 40년이냐 50년이냐의 차이이기 때문이다.

퇴직 후의 막연한 두려움은 곧 현실이 된다. 어떻게 살아야 할지를 가늠할 수 없게 된다. 우리나라 베이비부머들의 노후 준비 실태를 조사해보면 대부분 재정 만족도나 준비 정도가 100점 만점에 40점 정도에 그친다. 한마디로 '수우미양가' 중에서 낙제 점수인 '가'를 스스로에게 부여하고 있다.

이러한 준비 부족은 지금까지의 삶과 완전히 다른 삶이 기다리고 있다는 사실을 일깨워준다. 직장에 다니는 동안에는 돈에 대한 소중함은 알았어도 절박함은 몰랐다는 것이 은퇴자들의 대체적인 의견이다. 돈이 여유 있는 달이면 조금 더 좋고 풍요로웠다. 당장 돈이 없으면 덜 쓰면 되고 다음 달 월급 나올 때까지 신용카드를 사용하면 되었다. 한 달 정도 무리하게 소비해도 보너스 달이 되면 해결되었다.

하지만 은퇴 후에는 다르다. 은퇴 후에 한 달을 무리하게 소비하면 그 무리를 해결할 길이 없어진다. 한 달이 지나면 더 괴로워지고 두 달이 지나면 빚이 더 늘어나 괴로워진다.

은퇴는 곧 소득의 절벽을 의미한다. 소득의 절벽은 생각보다 고통스러운 일이다. 직장에 다닐 때와는 모든 대상에 대한 느낌이 달라진다. 가장 크게 차이를 느끼는 것이 바로 집이다. 직장에 다닐 때는 집이 자산이었다. 소득이 있을 때는 '그래도 집은 한 채 있어야 하지 않나' 하고 생각했다. 현금 자산, 자녀 등록금, 학원비, 자녀 결혼자금, 노후생활비 등이 없어도 집이 있으면 든든했다. 노후를 준비해야 한다고 생각했지만 그렇게 절박하지는 않았다.

그런데 은퇴를 하고 난 뒤에는 완전히 다른 세상이 펼쳐진다. 직장에 다닐 때는 대부분의 비용이 월급으로 어느 정도 감당이 됐고, 나머지는 보너스나 그동안 조금씩 모아놓은 비상금으로 해결했다. 하지만 은퇴 후에는 해결할 방법이 없어진다. 가진 것이라고는 겨우 집 한 채뿐이다.

50대는 이 집을 팔아야만 한다. 자신과 배우자에게 분신과도 같았던 집을 말이다. 직장에 다니는 동안에는 아끼고 아껴서 집을 마련했고 자동차도 바꿨고, 외식도 자주 했고, 해외여행도 다녔고, 아이들 학원비도 감당했다. 집을 담보로 빚을 조금 졌지만 집값이 오르면 총자산은 늘어나는 것처럼 보였다. 그런데 이제는 그 집을 팔아야 한다. 집을 팔아야 한다는 생각 또는 그런 결정은 매우 큰 고통을 수반한다. 재무설계 상담을 해보면 그런 부부들은 불안감, 좌절감, 상실감, 허탈감, 무기력증 등을 느꼈다.

그런데 어렵게 결심하고 막상 집을 팔려고 공인중개사 사무실에 나가보니 나 말고도 많은 사람들이 같은 생각을 하고 있다는 것을 알게 된다. 너도나도 집을 내놓으려는 것이다. 공인중개사는 지금 집을 내놔봐야 나가지 않을 테니 가능하면 경기가 풀릴 때 집을 내놓으라고 조언한다.

10여 년 전부터 직장인들에게 강의할 때면 반드시 이런 질문을 한다. 나중에 은퇴하면 무엇으로 생활을 할 것이냐고. 그러면 십중팔구는 집을 팔아 남긴 차액을 가지고 노후에 쓰겠다고 답했다. 그래서 나는 그들에게 다음과 같은 투자 격언을 따라하게 했다. '나에게 쓰레기는 다른 사람들에게도 쓰레기다.' 그날은 웃으면서 공감하는 듯했다. 하지만 그들은 설마 하는 생각을 지우지 못한 채 여전히 대출을 받아 집을 넓히고 유지했다. 요즘에야 내 말을 실감하고 있다는 이야기를 한다. 너무 많은 사람들이 집을 처분하려 하니 살 사람이 거의 없다고, 사려는 사람은 적은데 팔려는 사람은 많아 집이 팔리지 않는다고 하소연한다.

이 책을 읽는 당신에게 다시 한 번 묻겠다. 당신은 무슨 돈으로 자녀를 대학에 보내고, 결혼을 시키고, 노후생활비를 부담할 것인가? 한 번 소리 내서 읽기 바란다. '숫자는 거짓말을 하지 않는다!' 현금이 없으면 아무것도 할 수 없다. 자녀 등록금도 낼 수 없고, 자녀를 결혼시킬 수도 없고, 자신의 노후생활비도 댈 수 없다. 이러한 모든 것을 부담하려면 현금이나 언제든지 현금으로 바꿀 수 있는 자산을 가지고 있어야 한다.

은퇴는 정말 무서운 일이다. 은퇴는 모든 것을 송두리째 바꿔버릴 수 있다. 은퇴 준비는 어느 한순간에 준비할 수 있는 것이 아니다. 5년 전, 10년 전, 아니 직장에 입사하면서부터 준비해야 한다. 비단 돈뿐만 아니라 인생 전반에 대해 미리 생각하고 실행해야 한다.

가계부채와 부동산 가격

우리나라 가계부채는 2018년 9월 말 1514조 원에 이른다(한국은행 통계). 우리나라 인구는 5100만 명, 경제활동 인구 2500만 명, 총 가구 수 1900만으로 보면 1인당 약 3000만 원, 경제활동 인구 1인당 6100만 원, 가구당 약 8000만 원의 빚을 지고 있는 셈이다. 신문과 방송, 각종 강연에서 이런 통계자료를 들이대면서 나라가 어렵다느니, 경제가 어렵다느니, 가계부채가 우리 경제를 위협하는 요소라느니 하면서 국민의 불안감을 가중시킨다. 이런 통계자료를 볼 때 당신은 어떤 생각이 드는가? 혹시 이런 생각은 들지 않는가? '그래서 나보고 어쩌라고? 국가가 어려우면 어려운 것이고, 경제가 어려우면 어려운 것이지 나더러 어떡하란 말인가? 그런 뜬구름 잡는 이야기 말고 제발 내 이야기를 좀 해달라!'

가계 재무구조가 가계의 행복을 결정한다

그렇다. 가계부채 문제는 국가를 경영하는 입장에서는 가계부채로 인한 국가 경영의 문제겠지만 개인에게는 얼른 와닿지 않는다. 물론 국가의 문제가 시간이 지나면 개인의 문제가 되기도 한다.

예를 들어 우리나라 가계부채가 1500조 원인 상황에서 당신은 금융자산 5억 원, 주택가격 5억 원을 합쳐 총 10억 원의 자산을 보유하고 있다. 이런 사람에게는 가계부채가 별문제가 되지 않는다. 대출이자율도 문제가 되지 않고, 사는 데도 어려움이 없다. 금융위기나 경제위기로 인해 5억 원에 팔리던 집이 4억 원으로 하락하면 내 자산은 1억 원이 감소해서 9억 원이 된다 해도 큰 문제가 되지 않는다.

다른 예를 들어보자. 우리나라 가계부채가 300조 원으로 양호하다고 가정해보자. 이럴 때 당신의 가계 재무는 부동산 10억 원(토지 5억 원, 주택 5억 원), 대출 5억 원, 금융자산 1억 원, 고등학생 자녀 2명(사교육비 연 5000만 원), 나이 48세, 연소득 1억 원, 50세 은퇴 예정 등의 상황이다. 우리나라 가계 재무구조는 양호하다고 가정했다. 하지만 당신의 재무구조는 어떤가? 생각해야 할 것이 많다.

첫째, 지금은 별문제가 되지 않는다. 왜냐하면 직장에서 매달 월급이 나오기 때문에 대출이자, 생활비, 학원비 등을 감당하는 데 별 어려움이 없다.

둘째, 은퇴 후 토지를 바로 적정 가격에 팔 수 있다면 큰 문제는 없을 것이다.

셋째, 은퇴 후 토지는 바로 팔리지 않아도 주택을 처분할 수 있다면 역시 큰 문제는 되지 않을 수 있다.

넷째, 은퇴 후 토지도 주택도 잘 팔리지 않는다면 여러 가지 문제가 발생할 수 있다. 당장 대출 5억 원에 대한 이자를 내기가 부담스럽고 원금 상환에 대한 압박에 잠을 못 이룰 수도 있다. 만약 이 시기에 아이들이 대학에 다니고 있다면 등록금 마련이 쉽지 않고, 자녀 결혼자금도 빚으로 해결해야 한다. 부부의 노후생활비는 누가 부담해줄까?

하지만 이 경우는 전체 국민의 가계 문제가 심각하지 않기 때문에 갑작스러운 경제위기나 금융위기가 닥치지 않는다면 네 번째 상황이 발생하지 않을 수 있다. 다른 사람들의 재무상태가 양호하여 당신의 부동산을 적정 가격에 사줄 수 있다면 내 문제를 비교적 쉽게 해결할 수도 있다.

또 다른 상황을 예로 들어보자. 당신도 어렵고 이웃도 어렵고 나라도 어려운 경우다. 각종 조사 자료에 따르면 2017년 말 우리나라 국가채무(660조 원)와 가계부채(1500조 원)의 합이 2160조 원에 이르고 있다(기업부채는 포함되지 않음). 2019년 현재 은퇴자 대열에 들어간 연령대는 1969년생(50세) 사무직 종사자, 1964년생(55세) 금융권 종사자, 1959년생(60세) 공무원/공기업 정년퇴직자 등 베이비부머 전 세대에 걸쳐서 퇴직이 진행되고 있다. 이들의 인구를 합하면 약 990만 명이다. 2019년 현재는 1차 베이비부머뿐만 아니라 그 이후 세대들도 퇴직을 하고 있다. 우리를 둘러싼 사회, 금융, 경제 환경은 이처럼 열악하다.

이런 환경에서 당신 가계의 상황을 점검해보자.

자산 현황

❶ 거주 주택: 서울 30평형 아파트, 시가 8억 원(2018년 말)

❷ 금융자산: 1억 원

❸ 금융부채: 3억 원

❹ 기타: 2500cc 자동차

소득현황

근로소득: 9000만 원

가족 구성

본인(48세), 배우자(45세), 자녀 2명(고2, 중3)

연간 지출 항목

❶ 사교육비: 연 2,400만 원

❷ 용돈 및 공교육비: 연 800만 원

❸ 통신비: 연 180만 원

❹ 외식비: 연 180만 원

❺ 의복비: 연 240만 원

❻ 생활비: 연 1800만 원

❼ 국민연금, 건강보험료 등 기타 공제비용: 연 500만 원

❽ 세금: 2000만 원

이런 당신은 퇴직 후 어떻게 될까? 이에 대한 답 대신에 다음 질문에 답해보자.

❶ 퇴직할 때까지 담보대출 3억 원을 갚을 수 있을까?

갚지 못한다.

❷ 대출 3억 원을 갚는다면 어떤 재원으로 갚을까?

아파트를 팔아서 갚는다.

❸ 아파트를 원하는 가격에 팔지 못한다면 어떤 일이 벌어질까?

아파트를 팔지 못한다. 이때는 너도나도 비슷한 상황이어서 다들 나와 같은 의사결정을 하게 된다. 많은 사람들이 주택을 처분하려고 할 것이기 때문에 팔리지 않을 가능성이 높다.

❹ 아파트를 팔지 못하면 대출을 갚지 못할 텐데, 대출 3억 원을 갚지 못한다면 어떤 일이 벌어질까?

대출이자 부담을 견디지 못해 급매로 내놓거나 경매에 넘어갈

수도 있다. 3억 원의 담보대출을 갚기 위해 시세 8억 원의 아파트를 6억 원에 급매로 처분한다(어쩌면 그 이하로 팔릴 수도 있다).

❺ 집을 처분했으니 3억 원을 가지고 어디에서 살아야 할까?

수도권 도시에 3억 원짜리 전세를 얻는다.

❻ 퇴직을 한 상태이기 때문에 일정한 소득이 없다. 아이들의 대학 등록금은 무엇으로 충당할까?

학자금 대출로 충당한다.

❼ 자녀들의 학자금은 누가 언제 갚을 수 있을까?

……

❽ 자녀들의 결혼자금은 어떻게 마련할까?

……

❾ 자녀들은 결혼을 할 수 있을까?

……

❿ 노후생활비는 어떻게 마련할까?

……

⓫ 자동차는 유지할 수 있을까?

유지할 수 없고 헐값에라도 팔 것이다.

위의 상황을 생각해보자. 누구 하나 행복한 사람이 있는가? 나 불행, 아내 불행, 자녀들 불행, 죽을 때까지 불행. 이것이 모두 대출 때문에 생긴 비극이라면 지나친 비약일까?

퇴직할 때까지 대출이 남아 있으면 그야말로 최악의 상황이 발생할 수 있다. 대한민국 직장인들이여! 대출을 받기 전에 대출금 상환을 생각해보라! 대출 상환 후 필요한 자금도 함께 말이다. 상환 계획을 세우는 것은 별로 어렵지 않다. 종이에 적어보라.

가계 대출과 부동산 가격에 대해 통계를 보면서 해석을 해보자. 가계 대출 1500조 원 중에서 50세 이상이 차지하는 비중은 몇 %나 될까? 2011년 말에는 50세 이상의 대출 비율이 46%로 10년 전에 비해 10% 이상 증가했다(《중앙일보》, 2012년 4월 20일). 그렇다면 2019년 1월 말 현재 50세 이상이 차지하는 대출 비율은 얼마나 될까? 1961년에서 1969년 사이에 우리나라 인구가 약 830만 명 정도 늘었으니 그 비율이 최소한 50%는 넘었을 것이다.

50대(1959~1969년 출생)의 특징을 알아보는 것은 매우 중요하다. 왜냐하면 이들은 서로 비슷한 환경에 처해 있기 때문에 비슷한 의사결정을 하고 비슷한 행동을 할 것이기 때문이다. 이는 미래의 사회 현상을 이해하고 예측하는 데 많은 도움을 준다. 우리나라 50대의 특징은 다음과 같다.

❶ 대부분 퇴직을 했거나 조만간 퇴직을 할 것이다.
❷ 대부분 자기 소유의 집, 특히 아파트를 가지고 있다.

소득 및 지출 상황 파악하기

목록	금액(만 원)
소득	
이자	
생활비	
대출 원금 상환액	
대출 상환 후 필요자금	자녀 대학 등록금, 자녀 결혼자금, 부부 노후자금 등

❸ 대부분 1억 원 이상의 대출이 있는데 특히 주택담보대출이 많다.

❹ 자녀들이 고등학교나 대학교에 다니고 있다.

❺ 가계 순자산 중에서 부동산이 차지하는 비중이 90% 이상이다.

❻ 대학 등록금과 자녀 결혼자금을 준비하고 있지 않다.

❼ 100세까지 살 것 같은데 노후 준비가 안 되어 있다.

❽ 부모가 생존해 있고 어떤 식으로든 부모를 부양해야 한다.

❾ 더 이상 취업을 하기가 어렵다.

❿ 자녀들로부터 부양을 받지 못할 것 같다.

이들의 퇴직으로 여러 가지 새로운 사회 현상이 생길 것이다. 퇴직하는 이들이 선택할 수 있는 답안은 많지 않다. 소득은 없는데 돈 들어갈 곳은 많다. 가진 것이라고는 집 한 채 뿐이다. 과연 이들은 어떤 선택을 할 수 있을까? 집을 처분해야 한다. 한두 사람이 집을 내놓는 것이 아니라 집단적으로 이러한 의사결정을 할 가능성이 매우 높다. 그렇다면 주택가격은 어떻게 될까? 수요와 공급의 법칙에 따라서 주택가격은 하락할 수밖에 없다.

1차 베이비부머가 은퇴하기 시작한 2006년부터 우리 사회에 과거와는 다른 현상이 나타나고 있다. 패러다임의 변화가 본격적으로 시작된 것이다. 그 변화의 내용은 다음과 같다.

❶ 대학생 학자금 대출이 증가하고, 시간이 지나면서 신용유의자가 급증한다.
❷ 주택가격이 본격적으로 하락하기 시작한다.
❸ 큰 평수의 주택가격이 하락하고 작은 평수의 주택가격이 상승한다.
❹ 60대 후반의 노동시장이 변화한다.
❺ 자녀들의 결혼시장이 변화한다.
❻ 50대의 자살률이 증가한다.
❼ 국내 시장 전체의 소비가 위축된다.

여러 가지 요인이 있겠지만 퇴직은 그 사람의 사고와 삶의 방식에 매우 큰 변화를 불러온다. 퇴직이 한 사람의 인생을 급격하게 바꾸듯이, 다수의 사람들이 동시에 퇴직하면 그것은 곧 사회 현상으

118

로 나타난다. 이러한 사회 현상의 원인과 결과를 파악하고 미래를 예측하는 것은 자산을 관리하는 관점에서 매우 중요하다.

첫 번째는 왜 이런 현상이 생겼는지 알아야 하고, 두 번째는 사실을 해석해야 하고, 세 번째는 나에게 미칠 영향을 분석해야 한다. 그리고 마지막으로 이 거대한 변화의 물결이 나에게 어떤 영향을 미칠 것인지를 미리 예상해서 행동에 옮겨야 한다.

우리나라의 가계 상황이 이렇게 흘러가고 있는데 그래도 빚을 내서 집을 사야 할까? 지금 빚을 내서 집을 사는 것은 시한폭탄을 안고 잠자리에 드는 것과 같다.

대출로
돈 버는 시대는 끝났다

전세 보증금과 부동산 가격

경제 전문가들과 통계를 다루는 사람들이 현재 가장 걱정하는 것 중의 하나가 가계 대출이다. 물론 앞에서 다루었듯이 가계부채는 가계 입장에서나 정부 입장에서나 매우 중요한 문제다. 하지만 가계부채 못지않게 문제를 안고 있는 것이 바로 전세 보증금이다. 집주인에게 전세 보증금은 대출일까, 아닐까? 대출이다. 이자만 내지 않을 뿐 대출과 다를 바 없다. 일반적으로는 전세 보증금 문제를 세입자 측면에서만 바라볼 뿐 주택 소유자 입장에서는 분석하거나 걱정하지 않는다.

주택의 전세 보증금 규모는 정확하게 파악되지 않고 있다. '부동산 서브' 자료에 따르면 2014년 10월 전국 전세 보증금 시가총액은 1189조 6141억 원이다(《헤럴드 경제》, 2014년 10월 29일). 전세 보증금은 위기의 순간에 대출보다 더 큰 위험이 될 수 있다. 가계 대출과 더불어 전세 보증금까지 경제에 위협을 줄 경우 우리나라의 경제 상황은 걷잡을 수 없는 나락으로 떨어질 가능성이 높다.

전세 보증금으로 인해 과연 어떤 문제들이 발생할까? 3,4년 전 서울 강남에서 시가 13억 원 정도 하는 아파트의 전세가격이 8억 원에서 10억 원 정도였다. 내가 사는 곳 주변에서도 시세 5억 원 정도 하는 아파트 전세가격이 약 4억 원이다. 전세가가 매매가의 80~90%를 차지할 정도였다. 그러다 보니 서울과 수도권은 물론 전국에서 부동산 갭 투자가 급격하게 증가했다. 매매가의 10% 정도만 가지고도 전세를 끼고 아파트를 산다는 사람들의 이야기가 곳곳에서 들렸다. 그래서 20채, 30채 심지어는 전국에 100채 이상을 갭 투자한다는 사람들이 책을 내면서 부동산 투자 바람을 일으키기도 했다.

매매가는 오르지 않는데, 왜 전세가만 계속 올랐던 것일까? 우리는 그 이유를 잘 따져본 후, 이후에 일어날 수 있는 일을 예상해보고 대응책을 마련할 필요가 있다.

3, 4년 전 왜 그토록 전세가가 하늘 높은 줄 모르고 올랐던 것일까?

첫째, 2015년까지 서울에는 신규 입주 주택이 부족했다. 지난

2002년과 2006년에 치러진 국회의원 선거와 서울시장 등 지방자치단체 선거에서 서울 뉴타운에 대한 공약이 봇물처럼 흘러넘쳤다. 내가 사는 동네가 뉴타운이 되면 부자가 될 것이라는 꿈을 심어준 공약을 제시한 후보자들이 다수 당선되었다. 그런데 결과는 어떻게 되었나? 뉴타운으로 개발된 곳이 있는가? 2006년 이후 아파트 미분양, 부동산 가격 하락 등으로 인해 공약이 모두 백지화되면서 서울과 경기도에 주택의 추가 공급이 거의 이루어지지 못했다. 그 결과 아파트 전세가격이 폭등했다.

둘째, 사람들이 집값이 내려갈 것을 예상하여 집을 사지 않고 전세를 고집했다. 공급은 한정되어 있는데 수요만 느니 전세가가 오를 수밖에 없었다.

셋째, 아파트 재건축 연한을 40년에서 30년으로 단축한 정부의 부동산 정책이 효과를 보았다. 2014년 9월 1일에 발표한 이 정책은 서울 및 수도권의 전월세가격 상승에 기름을 붓는 격이 됐다. 수요와 공급에 의해 가격이 결정되는 시장에서 갑자기 공급을 급격하게 줄이는 정책이 바로 재건축 연한 단축이다. 재건축을 보류하던 지역들도 일제히 재건축을 승인하면서 살던 아파트가 없어져(공급이 줄어) 전세가격과 함께 매매 가격까지 상승하는 결과를 낳았다.

넷째, 정부의 전세 대출 활성화와 기준금리 인하로 세입자가 전세 대출에 대한 두려움이 적어진 것도 일정 부분 영향을 미쳤다.

그 이후 2017년 들어선 정부의 부동산 정책이 우왕좌왕하기 시작했고, 그 사이에 서울과 수도권의 집값이 폭등하면서 매매가가 내리기만을 기다렸던 전세세입자들은 또 다시 어려움을 겪었다. 부동산 가격 폭등으로 놀란 정부는 2018년 9월 강력한 부동산 정책을 내놓았고, 이로 인해 폭등세는 수그러들고 있으며 매매가는 안정세를 돌아서고 있는 상태다. 하지만 다주택 보유자들이 정부의 강력한 정책으로 세금 폭탄 등의 불이익을 피하기 위해 동시다발로 물량을 내놓으면서 공급은 늘고 있는데 수요는 줄어 전세 계약이 잘 이루어지지 않는 역전세난, 집값이 하락하면서 전세가에 미치지 못해 전세보증금을 돌려받지 못하는 깡통주택도 늘고 있다.

대량 입주와 역전세난

이러한 일련의 상황들은 어떤 결과를 초래할까?

첫째, 재건축 및 일반 분양 물량의 대규모 입주가 시작되는 시점에 전세가격이 폭락할 수 있다. 지금의 전세난과는 반대 개념의 역전세난이 이미 시작되었다. 2014년, 2015년, 2016년, 2017년, 2018년 수도권 주택 분양 물량 및 제2기 신도시, 위례 신도시, 강변 하남 미사지구, 서울의 마곡지구, 서울 지역 재건축 재개발 아파트 대단위 단지 등 250만 호 이상이 2017년을 시작으로 2022년까지 공급된다. 2017년부터 이들의 대규모 입주가 시작됐다. 그리고

주택시장 향후 예상 흐름

주택 분양 물량 급증

주택 입주 물량 급증

주택 전세가격 급락

주택 가격 급락

매년 서울 인구가 약 10만 명씩 감소하고, 베이비부머의 은퇴 등을 감안하면 2019년 이후 역전세난이 더욱 심각해질 가능성이 매우 높다.

세입자들은 신규 입주 가능한 주택이 많아지면서 전세가격이 싼 곳으로 이사하려고 할 가능성이 높아진다. 그럴 때 집 주인은 새로운 세입자를 구하기가 어려울 수 있다. 세입자를 구해도 전세가격이 하락하면 집 주인은 차액을 마련하여 나가는 세입자에게 내주어야 한다. 매매가가 하락하면서 전세보증금이 매매가보다 높은 깡통주택이 계속 나오고 집주인이 세입자를 구하지 못하거나 돌려줄 전세 보증금을 마련하지 못한다면 어떤 일이 벌어질까? 세입자는 전세 보증금을 돌려받기 위해 집을 경매 신청을 할 수도 있다. 부동산 경기가 좋을 때라면 주택 경매가가 시세의 90% 정도에 이르겠지만, 불황일 때에는 시세의 70% 정도에 낙찰되기도 한다.

이럴 경우 집주인은 어떻게 될까? 세입자가 경매를 통해 전세 보증금을 회수하지 못하면 나머지 차액을 집주인에게 상환해달라고 요청할 수 있다. 전세 보증금을 잘못 운영하면 내 소유의 집도 잃고 현재 거주하고 있는 집에 압류가 들어올 수도 있다는 사실을 염두에 두어야 한다.

혹시 전세를 주고 있다면 전세 보증금은 언제든지 현금으로 전환할 수 있는 정기예금이나 채권 등 안전자산으로 운영해야 한다. 전세 보증금을 사업, 주식, 펀드, 사채 같은 위험자산에 투자하거나 소비하는 데 쓴다면 큰 낭패를 볼 수 있다는 사실을 명심하자.

둘째, 최근 몇 년간 경제 전문가들이 대외 경제 위험 요소의 첫 번째로 꼽은 것은 미국의 금리 인상이었다. 실제로 2015년 말 이후, 2018년 말까지 아홉 번의 금리 인상이 있었다. 2019년 1월 현재 미국의 기준금리는 2.5%다. 우리나라의 기준금리는 1.75%(2019년 1월)다. 만약 미국이 기준금리를 3%로 올리면 우리나라 기준금리는 몇 %가 적당할까? 많은 경제 전문가들은 우리나라와 미국의 정책 금리 차이는 2~3% 정도가 적당하다고 본다. 그렇다면 우리나라의 기준금리는 4~5%대가 될 것이라고 예상할 수 있다.

우리나라가 기준금리를 5%로 올리면 어떤 일이 벌어질까? 1500조 원이 넘는 가계부채를 안고 있는 우리나라 가계는 매년 49조 원의 이자를 추가로 부담해야 한다. 우리나라 전체 가계가 추가로 부담 해야 할 이자가 49조 원이라고 하면 실감이 안 날 수 있는데, 만약 2억 원을 대출받은 사람이라면 매년 650만 원의 이자를 더 내야 한 다고 생각하면 이해하기 쉽다.

이렇게 되면 우리나라 가계에는 어떤 일이 벌어질까? 지금도 빠 듯한 살림을 하고 있는데 이자를 더 내야 한다면 연체가 계속될 수 있고 그러다 보면 경매로 넘어가는 아파트가 늘어날 가능성이 높 다. 그러면 공급이 늘어나면서 아파트 가격의 전반적인 하락을 부 추기게 될 것이다.

아파트 가격이 하락하면 어떻게 될까? 아파트 가격이 하락하면 전세가격은 내려가고, 전세가격이 내려가면 집주인은 전세 보증금 차액을 돌려주어야 하고, 세입자는 더 싸고 좋은 곳을 찾아 다른 지 역으로 이사해야 한다. 이럴 경우에는 위의 첫 번째 전세가격이 하 락할 때와 같은 일이 벌어지게 된다. 현재 보유하고 있는 집을 안전 하게 지키려면 전세 보증금을 시세의 50% 이하에서 유지해야 한다 는 계산이 나온다. 만일 지금 전세가격이 집값의 80%라면 나머지 30%의 차액은 적금을 깨거나 대출을 더 받거나 해서 돌려주어야 하는 날이 오게 된다.

셋째, 만일 세입자 연합회 같은 단체가 생기면 어떻게 될까? 세입자들이 연합하여 집단행동을 한다면 어느 특정 지역의 전세가가 흔들릴 수도 있다. 이것은 매우 위험한 생각이지만 세입자들의 감정이 극에 달한다면 그런 일이 일어나지 않으리라는 보장이 없다.

가계자산 비율과 주택가격

가계자산 비율은 베이비부머가 퇴직하는 현시점에서 반드시 점검해보아야 할 항목이다. 근로소득이나 사업소득이 있을 경우에는 가계자산 비율의 중요성이 덜할 수 있다. 왜냐하면 가계자산이 어떻게 구성되든 소득이 있는 경우에는 당장의 삶에 크게 지장을 주지 않기 때문이다.

그러나 소득이 끊긴 은퇴 생활자에게 가계자산 비율은 매우 중요한 변수가 된다. 예를 들어 더 이상 소득이 없는 은퇴자 가계의 총자산이 20억 원인 경우 당신은 이 가계를 어떻게 평가하겠는가? 잘 사는 사람인가, 못 사는 사람인가? 경제적으로 안정된 사람인가, 불안정한 사람인가? 20억 원이 있다고 하니 막연하게 부자라고 생각할 것이다. 하지만 총자산만 가지고는 정확하게 평가할 수 없다. 다음 몇 가지 경우를 생각해보자.

❶ 총자산 20억 원: 금융자산 10억 원, 부동산 10억 원, 부채 0원

❷ 총자산 20억 원: 금융자산 5억 원, 부동산 10억 원, 부채 5억 원, 골프 회원권 등 기타 자산 5억 원

❸ 총자산 20억 원: 금융자산 1억 원, 부동산 19억 원, 부채 1억 원

위 세 가계 중 어느 가계가 가장 안정적일까? 당연히 1번이 가장 안정적이다.

어느 가계가 가장 불안정한 가계인가? 나는 3번이라고 생각한다. 3번은 소득과 당장 사용할 돈은 없는데 재산세, 관리비, 품위 유지비 등으로 인해 지출해야 할 돈이 많기 때문이다. 물론 이사를 가면 모든 것이 쉽게 해결된다. 그런데 지금까지 살아온 방식을 바꾸는 것은 생각보다 쉽지 않다.

2015년에 발표한 한국FP학회 자료('한국 가계의 Financial Fitness, 2015', 주소현 외)에 따르면 우리나라 평균 가계의 자산 구성은 다음과 같다. 이 가계자산 비율을 보고 우리나라 가계가 안정적인가 불안정한가를 판단해보길 바란다.

총자산 2억 6137만 원, 순자산 2억 1379만 원, 금융자산 총액 4884만 원, 부채 총액 4758만 원, 실물자산 총액 2억 1253만 원

먼저 가계자산 구성비를 살펴보자.

❶ 순자산에서 부동산 등 실물자산이 차지하는 비율

　순자산에서 실물자산이 차지하는 비중은 99.4%다.

❷ 금융자산이 차지하는 비중

　순자산에서 순금융자산(금융자산－부채총액)이 차지하는 비중은 불과 0.6%밖에 안 된다.

　만약에 이 가계가 퇴직을 앞둔 가정이라면 앞으로 어떤 일을 겪게 될까? 자산이 2억 6000만 원이나 되는데도 살아갈 길이 막막해진다. 만약 학생이나 미혼 자녀가 있는 가정이라면 더 곤란한 일이 발생할 수 있다.

　우리나라 가계자산 중 부동산과 금융자산의 비중을 계산할 때는 보통 부채를 감안하지 않는다. 저축 총액과 부동산 평가액을 합한 금액에서 부동산과 금융자산의 비중을 계산한다. 이럴 경우 부동산과 금융자산의 비율은 80:20이다. 우리나라 가계자산 중에서 부동산 비중이 80%라고 알고 있는 것도 이런 방식으로 분석하기 때문이다.

　금융자산은 저축 총액에서 부채 총액을 차감하여 계산해야 맞다. 부채는 언젠가 갚아야 하는 것이고, 특별한 경우를 제외하고는 대출 이자율이 예금 이율보다 높기 때문에 퇴직 이후에는 금융자산으로 대출을 상환하는 것이 합리적이다.

　가계자산 비율을 잘못 관리하여 발생한 비극적인 사건이 2015년

1월에 있었다. 서울 서초동 소재 아파트 가격 11억 원, 예금 3억 원의 자산을 가진 한 가장이 퇴직한 후 5억 원을 대출받아 주식투자를 하다 2억 7000만 원의 손실을 본 뒤 대출이 바닥나자, 아내와 두 딸을 살해했다. 이 사건은 많은 사람들을 충격에 빠뜨렸다.

수많은 가정의 재무설계를 도왔고, 가계 경제를 연구하는 나는 가계의 어긋난 재무비율이 이런 결과를 초래했다고 본다. 사실 이 가장은 시가 11억 원의 아파트를 처분하고 3억 원 정도의 아파트로 이사 가서 살았으면 오히려 여유로운 생활을 할 수 있었다. 그의 총자산은 14억 원(총부채 5억 원, 부동산 자산 11억 원, 금융자산 3억 원)으로, 순자산이 9억 원이었다. 만약 3억 원으로 다른 집을 구입하더라도 6억 원의 현금자산이 남게 된다. 그런데 그는 왜 그런 극단적인 선택을 했을까? 지금까지 많은 사람들의 재무 상담을 한 경험과 연구 결과를 바탕으로 분석해보니 몇 가지 이유로 정리할 수 있었다.

첫째, 이 가장은 지금까지 살아온 환경에 익숙해져서 이를 벗어나는 것에 대한 두려움이 컸을 것이다. 직장을 잃고, 돈도 잃고, 친구도 잃었는데 오랫동안 살던 집까지 잃어야 한다는 것은 죽기보다도 싫었을지 모른다.

둘째, 자신과 마찬가지로 오랫동안 이런 환경에 익숙해 있는 아내를 설득할 자신이 없었을 것이다. 평소에 부부가 미래의 삶에 대해 마음을 터놓고 진솔한 대화를 했더라면 이런 비극은 일어나지 않았을 터이지만, 배우자에게조차 자신의 실패를 터놓고 이해를 구할 용기를 내지 못했을 것이다.

셋째, 아이들에게 자신이 처한 상황에 대한 이해를 구하고 고통을 분담하자고 이야기할 용기가 없었을 것이다.

이 사건으로 인해 많은 사람들이 자신의 삶을 다시 생각하는 계기가 되었다. 그러나 이런 일이 우리 사회에 다시는 일어나지 않는다고 장담하기 어렵다. 정도의 차이가 있을 뿐 이러한 경제적 추락은 누구에게나 일어날 수 있는 일이기 때문이다. 주변 친구나 직장 동료, 형제들의 가정을 살펴보라. 부부가 이런 내용으로 진지한 대화를 하는 가정이 몇이나 되는지. 부부만큼 서로를 이해하고 서로를 위하는 관계는 없다. 그런 만큼 인생의 전환점이나 삶의 변곡점에 서 있을 때는 가장 먼저 배우자와 허심탄회하게 이야기해야 한다. 그렇다면 인생의 동반자인 배우자와 어떤 식으로 대화를 풀어나가야 할까?

첫째, 배우자와 자녀에게 지금보다 풍족하지 못한 생활을 감당해야 하는 것에 대해, 예를 들어 수도권 변두리로 이사 가거나, 노부모님이 계신 고향으로 가서 사는 것에 대해 이야기를 해보아야 한다.

둘째, 현재 살고 있는 집을 팔고 작은 평수의 집으로 이사를 가거나, 그마저도 어려워 전세나 월세로 살 수도 있는 상황에 대해 가족과 이야기해보아야 한다.

셋째, 자동차를 처분하는 것에 대해 가족과 이야기를 해보아야 한다.

넷째, 아이들의 사교육을 중단하는 것에 대해 가족과 의논해보아야 한다.

다섯째, 외식을 줄이고 자녀의 휴대전화를 없애는 것에 대해 가족과 의논해야 한다.

이런 이야기를 꺼냈을 때 가족의 반응은 어땠는가?

위의 이야기들은 퇴직을 앞두고 반드시 온 가족이 둘러앉아 진지하게 대화를 해봐야 하는 절실한 주제다. 평상시에도 대화의 소재로 삼을 만한 중요한 내용들이다. 이 부분이 해결되지 않으면 당신의 노후생활은 매우 고달플 가능성이 높다. 평소에 배우자와 자녀들과 자주 대화하고 언젠가 우리에게도 닥칠 문제라는 사실을 공유해야 한다. 그래야 가족이다. 그래야 불행이나 비극을 사전에 막을 수 있다. 그래야 함께 미래를 준비할 수 있다.

정책에 기대지도 말고, 기대하지도 말고

나는 여기서 법이나 정책을 따지거나 법 내용을 속속들이 분석할 생각은 없다. 또한 법에 대한 전문가도 아니다. 다만 왜 그러한 법이 생겼고 그 법을 어떻게 해석할 것인가, 그리고 우리는 어떻게 대응할까를 알아보기 위해 법과 정책들을 살펴보려고 한다. 즉 대응을 위한 것이므로 표현이 다소 거친 부분도 있다. 사람마다 견해가 다를 수도 있다는 점을 감안하고 함께 고민하는 시간을 가지려고 한다.

주택임대차보호법

주택임대차보호법은 1981년에 제정되었다. 1981년에 이 법은

무슨 연유로 만들어졌을까? 1955년 무렵 태어난 베이비부머가 결혼하기 시작하는 시기가 바로 1980년부터이다. 도시로 몰려든 베이비부머들이 결혼을 하면서 주택이 부족했고, 주택이 부족하다 보니 집주인들이 경제적 강자 노릇을 했다. 그런 집주인들의 횡포로부터 세입자를 보호해야 할 필요성이 사회문제로 대두되었다.

주택임대차보호법은 계약 기간을 2년으로 고정하고, 집주인이 소액 전세 보증금을 보전해주지 못하는 경우에 법으로 일정 금액을 보장해주는 제도다. 베이비부머들의 결혼으로 전세 수요가 폭증하면 집주인들이 더 좋은 조건으로 임대하기 위해 기존 세입자를 3개월, 6개월 만에 쫓아내는 것을 방지하고, 집주인들의 잘못된 투자로 인해 세입자가 빈손으로 쫓겨나는 것을 막기 위해 만들어졌다.

주택이 매우 부족한 상황이었고 앞으로도 이 문제가 상당 기간 동안 지속될 것으로 보였기 때문에 세입자를 보호하려는 취지에서 만들어진 법이다. 이 법이 제정된 배경을 살펴보면 당시에는 주택 가격과 전세가격이 계속 오를 가능성이 많았음을 알 수 있다.

제1기 신도시에 주택 200만 호 건설

노태우 전 대통령은 1989년 대선 공약으로 주택 200만 호 공급을 내놓았다. 왜일까? 이 정책은 1955년부터 1963년까지 태어난 약 720만 명의 주거 공간을 마련하기 위한 고육지책이었다.

이때 정부의 목표는 ① 주택 공급 확대 ② 주택가격 안정 ③ 저소
득층의 주거 안정 기반 확립 등이었다. 즉 폭등하는 주택가격을 안정
시키기 위해서 일시에 대량의 주택을 공급하고자 했다. 주택 200만
호가 건설되어 입주하는 시점이 되자, 천정부지로 치솟던 집값은
일시적으로 하향 안정세를 보였다.

하지만 1955년부터 1980년까지 약 2000만 명이 새로 태어났으
니 필요한 총 주택의 수는 400만 호 정도였다. 농촌에서 도시로 이
주한 사람과 도시에서 집을 소유하지 못한 사람까지 감안하면 200
만 호로는 턱없이 부족했다.

소형 주택 의무비율

소형 주택 의무비율이란 공동주택 재건축 시 전용면적 60제곱미
터(약 18평) 이하의 주택을 일정 비율(서울은 20%) 이상 짓도록 한
제도다. 이 제도는 중대형 아파트 가격이 폭등하자 건설사들이 수
익성이 낮은 소형 아파트 건설을 기피하면서 생겼다.

1980년대에 지어진 주공아파트와 시영아파트는 대부분 20평대
이하였다. 그런데 2000년대 이후 지어진 아파트는 주로 30평대 이
상이었다. 특히 제2기 신도시인 용인에 가면 50평대 이상이 즐비하
다. 왜 이런 현상이 발생했을까?

여러 가지 요인이 있겠지만 베이비부머가 결혼 초기에는 큰 평수

의 집을 살 능력도 없고 살 필요도 적었기 때문에 30평대 이하의 아파트를 선호했다. 그러나 나이가 들고 돈을 모으고 자녀들이 중고등학교에 들어가자 방이 3개 이상인 집을 선호하게 되었다. 베이비부머가 능력도 되고 필요도 생김에 따라 작은 평수를 버리고 큰 평수를 찾기 시작하자 2000년부터는 큰 평수의 아파트 가격이 오르고 작은 평수는 덜 오르는 현상이 나타났다.

그런데 2014년 말에 소형주택 의무비율이 폐지되었다. 2007년 이후로 베이비부머가 퇴직 등으로 인해 큰 집을 처분하고 작은 집을 선택하면서, 큰 평수의 아파트는 가격 하락 폭이 더 크고 작은 평수의 아파트 가격은 하락 폭이 적거나 오히려 상승하는 현상이 발생했다.

소형주택 의무비율 제도가 생긴다는 것은 소형 평수의 주택가격이 하락하고, 대형 평수의 아파트 가격이 올라갈 것이라는 이야기다. 거꾸로 소형주택 의무비율이 폐지되면 소형 평수 아파트의 가격이 오르고 대형 평수 아파트의 가격이 내려갈 것임을 예측할 수 있다.

정책은 돌고 돈다

개발이익 환수제 폐지, 재건축 소형주택 의무비율 제도 폐지, 분양가 상한제 폐지, 1%대 수익공유형 대출 출시, LTV 완화, DTI 완화, 공동주택 재건축 연한 40년에서 30년으로 단축, 주택 취등록세 일시 감면 또는 인하, 다주택자 양도소득세 중과세 폐지, 보유 주택 지분매각제, 역모기지론 활성화 등등.

어느 나라의 제도인가? 불과 10여 년 전까지만 해도 모든 부동산 정책은 부동산 투기를 억제하기 위한 정책이었다. 그러다가 부동산 경기 침체가 길어지면 온갖 부양책이 쏟아진다. 다시 부동산이 하늘 높은 줄 모르고 오른다. 그럼 다시 정부는 강력한 정책으로 투기를 억제하고 부동산 시장 안정화를 꾀한다.

일관성이 없다. 부동산 경기가 요동치는 것만큼 정부의 부동산 정책도 냉탕과 온탕을 왔다갔다 한다.

이쪽을 막으면 저쪽이 뚫리고, 저쪽을 막으면 다시 이쪽이 뚫린다. 모두를 만족시키는 완벽한 정책은 나오지 않는다. 경기도 사계절처럼 반복되는데, 계절이 바뀔 때마다 계절에 맞는 옷을 준비하는 게 아니라 계절 지나고 난 후에 지난 계절 옷을 입는 것과 비슷하게 느껴진다.

최근에는 투기수요 차단과 실수요자 보호를 위한 정책이 많이 나오고 있다. 다주택자 종합부동산세 강화, 다주택자 주택담보대출 규제 강화, 실거주 목적이 아닌 고가주택 주택담보대출 금지, 수도권 공공택지 공급 등이다. 이런 정책으로 누가 웃을지, 누가 울지는 짐작이 가능할 것이다.

부동산으로 한탕하려는 사람들 때문에 서민들의 내 집 마련이 요

원하고, 빚을 떠안고 산 집 때문에 중노년이 노후를 준비하지 못하고 있는 게 현실이다. 정부 정책에 따라 이들의 희망과 절망이 교차한다는 사실이 참 서글프다.

은퇴와 이사의 공통점

　서울 삼성동에는 몇 년 전까지 한국전력 본사가 있었다. 사무실이 그 근처에 있을 때여서 한전이 이사하기 1년 전부터 나는 친한 식당 주인들에게 "한전이 이사를 간다고 하는데 어떤 대책을 가지고 계세요?"라고 묻곤 했다. 한전이 이사를 가고 나면 한전 직원들과 유관 기관들이 없어지고 협력업체들의 이동이 적어지면서 식당을 찾는 손님이 줄어들 것이고, 그러면 식당 주인들이 어려움을 겪을 가능성이 높다고 생각했다. 그런데 식당 주인들은 의외로 태연했다. "뭐 또 다른 손님들이 생기겠지. 강남 경찰서도 오고 다른 기업도 들어오지 않겠어?" 대충 이런 식으로 대답했다.

　그런데 막상 2015년 1월부터 한전이 이사하고 나자 상인들의 상황이 달라졌다. 손님이 반으로 줄었느니, 권리금도 못 받을 처지라느니 하면서 암담해했다. 나는 이해할 수 없었다. '내가 진작부터 말씀드리지 않았느냐, 왜 아무런 준비를 하지 않았느냐, 건물 주인과 임대료와 권리금에 대해서 이야기를 나눠봤느냐'고 하면 다들 '이렇게까지 장사가 안 될 줄은 몰랐다'는 반응을 보였다.

　식당 사장님들의 하소연을 듣다 보니 이사와 은퇴의 공통점을 발견할 수 있었다. 한전 본사 주변에 있는 식당의 사장님들은 한전이 이사하는 날까지는 손님들이 오기 때문에 실감하지 못하고 막연한 두려움만 안고 살았을 것이다. 은퇴도 마찬가지다. 은퇴하는 그달까지는 급여가 나오기 때문에 급여가 없는 삶에 대해 막연한 두려움만 가질 뿐 피부로 느끼지 못한다.

은퇴와 이사의 공통점은 퇴직하는 날, 이사하는 날까지는 몸으로 느끼지 못한다는 데 있다. 평범한 사람들은 직접 닥치고 나서야 현실로 받아들이지만, 현명한 사람은 미래에 닥칠 상황을 미리 시뮬레이션해보고 예방주사를 맞은 후 미래를 대비한다. 이는 작지만 중요한 차이다. 이 작은 차이가 나중에 얼마나 큰 차이로 벌어지는지는 통장 잔액을 보고 주변을 살펴보면 금방 깨달을 수 있다. 이사와 은퇴는 어느 정도 예상할 수 있는 일이므로 닥쳐서 허둥대지 말고 미리 준비하는 지혜가 필요하다.

3

현금자산으로
기회를 선택하라

위험을 예상하는 것은
이미 반은 피한 것이다.
– 토머스 풀러Thomas Fuller

변화는 극복하는 게 아니라
준비하고 대응하는 것

변화 요소는 모두 우리 주변에 있다

우리 사회에서 패러다임의 변화를 만들어내는 요소는 수없이 많
다. 예를 들면 다음과 같은 것들이 있다.

평균수명 추이, 인구구조, 고령화, 출산율, 산업구조(1910~1960,
1960~1980, 1980~2000, 2000~현재&미래), 주가(역대 시가총액 1위
기업들), 부동산에 대한 태도, 부동산 가격(부모들의 부동산에 대한 생
각, 사야 하나 팔아야 하나), 가계구조, 평균 결혼연령, 사람들의 의식
(취업, 소비, 부모와 자녀의 관계), 저축률, 소비의 사회화(1998년 전후),
남성의 학력, 여성의 학력, 결혼에 대한 생각, 출산에 대한 생각, 부

채(정부, 기업, 가계, 학생, 베이비부머, 은퇴자), 금리, 주택보급률, 사망
인구 수, 요양병원 수 및 요양병원 침대 수, 도시화, 공기업 지방 이
전(혁신도시), 평균 퇴직연령, 베이비부머의 60세 이상 인구, 주택(아
파트) 분양 수, 주택 재건축 수, 정부 정책의 변화(기업 대출 → 가계
대출, LTV, DTI, 재건축 연한 단축), 부모 부양에 대한 사고의 변화, 세
계화, IT, BT, 자산 및 투자 대상의 다변화, 소비와 나와의 관계, 스
마트폰, 정년, 3D프린팅 등등.

여기에서 든 예들은 일부일 뿐이다. 각자의 직업에 따라 눈에 들
어오는 항목이 다를 것이다. 이런 다양한 현상들이 서로에게 영향
을 주고 영향을 받는 요인이 된다. 전문용어로는 요인변수, 매개변
수, 결과변수가 된다. 당신도 한 번 생각해보고 적어보라. 위의 목록
가운데 당신의 가족과 직업에 영향을 미치는 변수는 무엇인지.
　이런 패러다임의 변화 요소들은 모두 우리 주변에 있다. 우리 주
변에 있는 요소들을 자세히 관찰하고 이러한 요소들이 나에게, 우
리 부모에게, 우리 자녀에게 어떤 영향을 미칠 것인가를 자세히 파
악해볼 필요가 있다.

패러다임 변화에 대한 대응 방안
패러다임의 변화 속에서 살아남고 성공하려면 먼저 패러다임의

최고의
필름회사 코닥은
1950년 최초로
디지털카메라를 만들어
디지털시대를 열었지만
전 세계에
뻗어 있는 자신의
필름시장에 미칠
영향을 우려해
개발을 유보하다
결국 2012년에
파산하고
맙니다

그 유명한
코다크롬필름

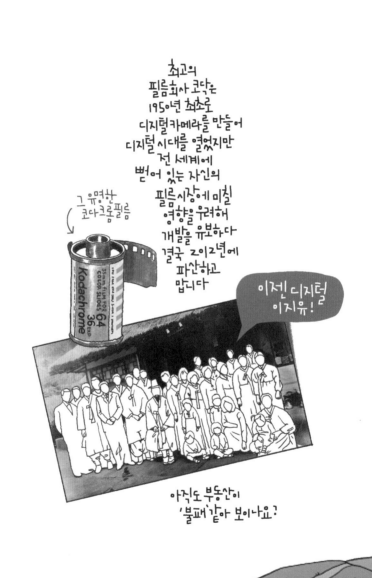

이젠 디지털
이지유!

아직도 부동산이
'불패'같아 보이나요?

변화를 파악하는 것이 중요하다. 패러다임의 변화를 파악하는 방법은 내 주변에서 일어나는 일에 대해 나름의 근거를 가지고 세심하게 분석해보는 것이다.

예를 들어보자. 1960년대부터 1980년대 농촌의 모습을 보자. 나는 어린 시절 두메산골에서 살았다. 그런데 내 형제, 이웃이 하나둘씩 도시로 나갔다. 400여 명이 살던 마을에는 어느덧 20여 명만 남게 되었다. 이것을 우리는 이농 현상이라 불렀다. 이농 현상은 내가 살던 마을뿐 아니라 전국 농어촌에서 일어난 일대 사건이었다. 이제 와서 생각해보니 그때는 우리나라가 농경사회에서 산업사회로 변화해가는 중요한 패러다임의 전환기였다. 만약 그때로 돌아간다면 나는 어떻게 이 전환기를 맞이해야 할까?

첫째, 사람들이 왜 마을을 떠나는지 알아야 한다. 그렇지 않으면 아무런 대응을 할 수 없다.

둘째, 이농이 내게 미칠 영향이 무엇인지를 알아야 한다. 사람들이 마을을 떠남으로 인해 우리 마을의 집값은 어떻게 될까? 마을 논밭의 가격은 어떻게 될까? 임야가격은 어떻게 될까? 사람들이 모여드는 도시의 주택가격, 건물가격, 물건가격은 어떻게 될까?

셋째, 내가 인지하고 파악한 변수들이 맞는지 주변의 전문가들이나 책을 통해서 검증해야 한다.

넷째, 패러다임의 변화가 가져올 영향을 예측해서 의사결정을 내려야 한다.

다섯째, 결정한 내용이 맞는지 평가해보아야 한다. 맞았으면 결정을 밀어붙이고, 그렇지 않다면 다시 분석해서 어느 부분에서 잘못 판단했는지를 파악해서 행동을 수정해야 한다.

패러다임의 변화가 일어날 때 이 다섯 가지 요인을 판단하여 의사결정을 내려야 큰 손실을 피할 수 있다. 이농 현상이 한창이던 1970년대에 만약 당신이 농촌의 집, 논밭, 임야 등을 팔고 도시의 주택을 구입했거나 아니면 그 반대의 일을 했다고 가정해보라. 지금 당신의 자산은 어떻게 변해 있을까?

패러다임의 변화는 세계와 국가, 기업 등의 거창한 변화만을 의미하지 않는다. 이러한 격변기에 개인의 삶은 더 급격한 변화의 물결에 휩쓸리게 되므로 사태를 정확하게 파악하고 대응하는 것이 매우 중요하다. 당신도 아내, 자녀들과 주변에서 일어나는 일들을 가지고 꼬리물기 질문 게임을 해보라. 제법 재미있다.

예를 들면 이런 식이다. 첫째, 우리 주변에서 무슨 일이 일어나고 있어요? 둘째, 그 일은 우리 삶에 어떤 영향을 미칠까요? 셋째, 그것이 맞는지 확인하려면 어떻게 해야 할까요? 넷째, 그것을 우리는 어떻게 실행할 수 있을까요? 정년 연장, 미국 금리 인상, 베이비부머 퇴직, 가계 재무구조와 퇴직 등의 주제를 가지고 꼬리물기 질문 게임을 하면 경제 상식도 쌓이고, 창의성도 생기고, 자산과 직업을 지킬 수 있는 지혜도 모을 수 있다.

변화는 과감하게 받아들여야 한다

사람들은 변화를 좋아할까, 싫어할까? 당신은 변화를 좋아하는가, 싫어하는가? 사람들은 대체로 급격한 변화를 싫어한다. 익숙한 것을 더 편하게 생각한다. 다니던 직장을 그만두는 것, 살던 고향을 떠나는 것, 낯선 곳으로의 여행은 두렵고 불편한 일이다.

나도 잘 다니던 은행을 떠나 생명보험 회사로 이직했을 때와 재무설계 회사를 창업했을 때의 기억이 지금도 또렷하다. 다시 새로운 일을 할 때도 솔직히 불편하고 두려웠다. 하지만 나는 정년이 보장된 은행에서도 100세 시대를 준비할 수 없다는 사실이 불안했다. 나는 종합자산관리사로 성장하고 싶은데 주로 보험만 판매하는 보험회사가 답답했다.

한국재무설계를 창업한 후에 이런저런 부침을 겪었고 여러 번 이사를 했다. 테헤란로의 강남역, 삼성역, 역삼역 등으로 옮겨 다녔다. 테헤란로 한복판의 비싼 건물에 있다가 삼성역 근처 테헤란로 뒤편의 건물로 이전하자 직원들은 불만을 표했다. 비싸고 좋은 건물에 비해 회사의 위상이 떨어진다는 불만이었다. 그리고 6년 뒤 또 한 번 이사를 했다. 이번에는 큰 도로에서 조금 더 들어간 곳이었다. 직원들은 불편을 감수해야 했다. 그래서 미안했다. 이사도 큰일인데, 주차도 불편해졌기 때문이다.

하지만 이것은 우리나라 전반에 불어닥친 저성장, 저물가, 저투자, 저금리, 고령화의 변화를 이겨내려는 경영상의 고육지책이었다.

회사는 살아남아야 한다. 회사가 살아남는 방법은 매출을 올려 수익을 개선하거나, 비용을 줄여 수익을 개선하는 방법밖에 없다. 요즘 같은 시기에 특별한 노하우를 갖고 있지 않는 한 매출을 올려 수익을 개선하기는 어렵다. 더욱이 앞으로 2~3년 안에 경제 쇼크가 올 것이라고 예상하는 나로서는 그때도 회사가 존립하리라는 것을 장담할 수 없다. 이런 시기에는 매출이 급감할 것이 눈앞에 불을 보듯 뻔한 일이다. 1997년 IMF 사태와 2008년 세계 금융위기를 경험해보았기 때문에 미리 대비하지 않을 수 없다.

내가 우리 사회 변화의 흐름을 정확하게 파악하려 노력하고, 안테나를 민감하게 세우고 있는 이유는 변화에 대응해서 살아남기 위한 처절한 몸부림이다. 살아남기 위해서는 변화해야 하는데, 변화는 구성원들의 불편과 불평 및 비난을 불러오기도 한다. 하지만 불편, 불평, 비난도 회사가 파산하거나 망하는 것보다는 낫지 않을까?

시작된 변화는 적극적으로 부딪쳐 극복해야 한다. 그리고 예측이 가능한 변화는 신속하게 준비해서 그 흐름에 대응해야 한다.

통계로 찾아내는
제2, 제3의 대한민국

우리나라는 지금 저성장, 저금리, 저물가, 저출산, 고령화 등의 함정에 빠져 있다. 이것은 우리나라의 뉴노멀(New Normal)이다. 많은 투자 전문가나 자산 컨설팅을 하는 사람들은 한결같이 기대 수익률을 낮게 잡으라고 충고한다. 맞는 말이다. 이제 은행에 예금해서 이자로 돈을 불리는 것은 불가능한 시대다. 예금 금리는 1%대에 머물고 있으며, 주식시장도 2007년 2000포인트에 도달한 이후 2018년에 2500대까지 올랐으나 다시 2000포인트 부근에서 등락을 거듭하고 있다. 더 이상 예금이나 주식투자로 높은 수익을 기대하기는 어렵다는 이야기다.

이런 경제 상황과 금융 환경에서 우리는 어떻게 투자해야 할까?

답은 해외시장에 있다. 물론 지금 당장은 아니다. 미국으로 돈이 몰리다 보면 이머징 국가나 개발도상국가도 금융위기를 겪을 수 있기 때문이다. 1970년대, 1980년대, 1990년대, 2000년대의 우리나라와 사회·경제·금융 환경이 비슷한 나라들을 찾아 투자하기를 강력하게 권한다. 투자 기간을 짧게 보지 말고 최소한 10년 이상 투자한다고 생각하면 높은 수익을 올릴 가능성이 많다.

여기서 '우리나라와 비슷한'이란 말에 주목하자. 모든 개발도상국이나 이머징 국가가 투자 매력이 있는 것은 아니다. 여러 가지 기준을 가지고 살펴봐야 한다. 예를 들면 총인구, 출산율, 20대와 30대 인구수, 1인당 GDP, 물가상승률, 기준금리, 국가 GDP 성장률, 국공채 수익률, 수출입 현황, 산업구조, 도시화 진행 정도, 저축률 등을 고려하여 투자한다면 높은 수익을 기대할 수 있다.

총인구는 많을수록 좋다. 출산율은 2명 이상이면 좋고, 20대와 30대의 인구수가 40대나 50대보다 압도적으로 많으면 좋다. 1인당 GDP는 최근 몇 년 동안 꾸준히 증가하면서 1000달러에서 1만 달러 사이면 좋고, 국공채 수익률은 5~10% 정도면 좋고, 국가 전체의 GDP 성장률이 높으면 좋다. 이러한 기준을 충족하고 정치적·경제적 안정성이 높은 국가들의 국채나 10대 기업 등에 투자한다면, 과거 우리나라가 높은 성장률로 높은 수익을 냈던 것처럼 그러한 나라들에서도 높은 투자수익을 올릴 수 있을 것이다. 나는 이러한 나라로 중국, 인도, 베트남, 미얀마, 라오스, 인도네시아, 말레이시아

등을 눈여겨보고 학생들과 함께 분석하고 연구하고 있다. 관심을 가져볼 만한 국가들이다. 앞에서 제시한 주요 국가의 인구구조표를 보면 도움이 될 것이다.

와타나베 부인이라는 말을 들어본 적이 있는가? 와타나베 부인이란 해외의 고금리 자산에 투자하는 일본의 주부 외환투자자를 가리키는 말이다. 일본이 장기불황으로 저금리가 계속되었을 때 주부들이 해외로 눈을 돌려 투자하기 시작했다고 한다. 와타나베는 우리나라의 김씨, 이씨, 박씨처럼 일본에서 가장 흔한 성이다.

신한은행의 대주주는 재일교포들이다. 1982년에 설립된 신한은행은 지금까지 거의 매년 배당을 하고 있고, 주식가격도 많이 올랐다. 재일교포들은 주로 롯데, 삼성, 현대, SK, LG 등 우리나라 주요 대기업에 많은 투자를 했다.

1980년대나 1990년대에 일본에 투자한 일본인과 한국에 투자한 재일교포 중 누가 더 많은 수익을 냈을까? 답은 자명하다. 예금에 투자했건, 채권에 투자했건, 주식에 투자했건, 부동산에 투자했건 일본에 투자한 사람보다 한국에 투자한 사람의 수익률이 압도적으로 높았다.

다음 그래프는 재일교포들이 많이 투자했던 대표적인 기업인 신한은행, 삼성전자, 롯데제과의 주가 추이다. 불과 10여 년 만에 약 6배에서 많게는 100배까지 수익을 냈다. 물론 이는 최고점이었을 때

이고, 지금은 이렇게까지 오르지는 않고 있다. 우리도 1980년대 일본 주부나 재일교포처럼 투자해야 한다.

신한은행 주가 추이

2003년 8000원 → 2008년 6만 4000원
이익률: 645%

삼성전자 주가 추이

삼성전자 : 2015.01.20 1,340,000 1,364,000 1,282,000 1,364,000 ▲37,000 2.79% 3,038,466

2014.03.31 시:1,336,000 고:1,345,000 저:1,241,000 종:1,343,000 ▼ -6,000 -0.44% 거:4,425,194
이동평균선 ■5 ■20 ■60 ■120

최대값 1,584,000 (-13.89%)

최소값 12,359 (10,936.49%)

1990년 1만 2000원 → 2013년 158만 원
이익률: 1만 2716%

롯데제과 주가 추이

롯데제과 : 2015.01.20 1,766,000 1,979,000 1,705,000 1,896,000 ▲116,000 6.52% 20,560

1992.02.29 시:41,778 고:41,778 저:35,727 종:39,184 ▼ -2,881 -6.85% 거:57,190
이동평균선 ■5 ■20 ■60 ■120

최대값 2,388,000 (-20.60%)

최소값 21,609 (8,674.12%)

1995년 2만 1000원 → 2014년 239만 원
이익률: 1만 950%

미국 금리와
달러 투자

미국은 2015년 이후 아홉 차례에 걸쳐 기준금리를 인상했다. 2019년에도 두세 차례 인상할 것이라고 예상된다. 미국 경제가 좋아지면 그 자체로 미국에 투자할 매력이 생긴다. 투자 대상에는 주식, 채권, 달러 등이 있다. 경기가 좋아질 것으로 예상한다면 주식투자는 매력적이다. 반면에 금리 인상 시기에는 채권을 매입하지 않는 것이 바람직하다. 금리가 오르면 채권가격은 하락하기 때문이다. 하지만 금리 인상으로 인한 채권가격 하락 예상 폭과 환율 상승으로 인해서 얻을 수 있는 환차익을 고려하여, 환차익의 폭이 채권가격 하락 폭보다 클 것이라고 예상하면 미국 채권에도 투자할 수 있다. 아니면 미국의 초단기 채권펀드에 투자하는 것도 좋다.

2008년부터 시작된 미국의 양적 완화 정책은 미국 달러의 힘을 약하게 만들었다. 미국이 자국의 경기를 살리겠다며 헬리콥터에서 뿌리듯이 돈을 풀었으니 달러 가격은 형편없이 떨어질 수밖에 없었다. 우리나라 환율도 1500원 이상이었다가 하락하여 지금은 약 1100원대를 형성하고 있다. 미국이 양적 완화를 시작했던 2009년, 환율이 1600원이던 시기에 달러를 1000만 원어치 샀다면 6250달러가 된다. 이 달러를 환율이 1100원이던 시기에 환전을 하면 687만 5000원이 되어 무려 31.25%나 손실을 입게 된다.

그런데 이제 미국이 돈을 회수하기 위해 금리를 올린다고 한다. 금리를 올리면 많은 투자자들이 한국 같은 이머징 국가의 채권이나 주식을 처분하여 미국의 예금을 사거나 채권을 매입하려 할 것이다. 이럴 경우 우리나라 환율은 상승하게 된다. 물론 환율이 단순히 이런 요인만으로 결정되는 것은 아니지만 매우 중요한 항목임에는 틀림없다. 위의 손실과 반대로 1100원의 환율로 1000만 원어치 달러를 사둔 사람은 환율이 1600원이 되면 약 36%의 수익을 올릴 수 있다.

특히 우리나라처럼 가계부채가 1500조 원에 이르고 경제 기반이 약한 경우에는 미국의 금리 인상 영향을 더 크게 받게 된다. 미국이 2.5%인 현재보다 약 0.5% 정도 금리를 인상한다면 우리나라도 시차를 두고 미국 금리에 맞춰 금리를 올릴 가능성이 높다. 그래서 한국은행이 현 시점(1.75%, 2019년 1월)보다 2% 정도 금리를 인상할 경우 우리 가계가 부담해야 할 '추가적인' 이자는 약 30조 원에 달한다. 우리나라 가구 수가 약 1900만 가구이니 한 가구당 '추가로' 부담해야 할 연간 이자 금액은 약 160만 원이다. 매달 지금보다 약 13만 원의 이자를 추가로 부담해야 한다. 지금도 저축은 물론이고 소비도 잘 못하는데 매달 이자로 13만 원을 추가로 내야 한다면 우리 경제는 어떻게 될 것이며, 가계 경제는 어떻게 되겠는가!

우리나라 경제가 어려워지면 우리나라 돈의 가치도 더욱 하락할 수 있다. 즉 환율이 오른다는 의미다. 여러 가지 측면에서 볼 때 앞으로 우리나라 주식, 부동산 등 투자자산의 비중을 줄이는 것이 좋다. 지금은 투자자산의 비중을 줄이고 현금자산을 보유하고 있다가 투자자산의 가치가 급격하게 하락하면 그때 다시 투자자산에 재투자하는 전략을 가져야 한다. 한 발 더 나아가 지금 한국의 투자자산을 팔아 경기가 좋아질 것으로 예상되는 미국의 주식에 투자하고, 금리가 올라가는 미국의 예금에 투자하고, 환차익까지 고려한다면 달러 표시 자산에 투자하는 것이 바람직해 보인다. 미국의 금리 인상 시기에는 달러에 투자하라고 하는데, 바로 이런 배경에서 나온 말이다.

노후 행복을 위한
라이프 다운사이징

소비를 줄이는 방법

우리나라는 급격한 패러다임의 변화 속에 있다고 여러 번 강조했다. 그 패러다임 변화의 중심에는 인구구조의 변화가 있고, 인구구조 변화의 중심에는 베이비부머의 노령화가 있다. 2015년은 그런 의미에서 매우 중요한 해였다. 베이비부머의 맏형격인 1955년생이 만 60세가 되는 해였기 때문이다. 그리고 2019년에는 59년생이 60세가 된다.

우리나라에서 60세는 어떤 의미를 지니는가? 당신에게 60세는 어떤 의미인가? 우리 사회에서, 직장에서, 가정에서, 당신의 60세는 어떤 의미인가? 여러 가지 측면에서 60세 이전과 이후는 커다란 변화가 있다. 사회에서, 노동시장에서, 직장에서, 그리고 가정에서조차 커다란 인식의 변화가 있고 법적·제도적으로도 큰 변화가 있다.

60세가 되면 예외는 있겠지만, 사회적으로는 외부 활동보다는 혼자서 보내는 시간이 많아지고, 노동시장에서는 외면받게 되며, 경제적으로는 자산이 늘기는커녕 줄어들기 시작한다. 가족 구성원 수도 자녀의 결혼이나 독립 등으로 줄어들고, 건강도 예전 같지 않고, 할 수 있는 운동도 줄어든다.

이런 변화는 시기만 다를 뿐 누구나 맞이하게 되는 현상이다. 나의 아버지도 60세까지는 건강하시더니 60세 이후에 많이 편찮으셨다. 쉽게 다치고, 병원에 자주 다니시더니 결국에는 암으로 세상을 떠나셨다. 어머니도 한 해 한 해가 다르다며 자식들에게 건강에 신경 쓰라고 당부하신다. 당신 부모님은 어떤가? 당신은 어떨 것 같은가? 우리는 이런 변화를 인지하고 받아들일 준비를 해야 한다. 그래야 변화에 대응할 수 있고 어려움이 닥쳤을 때 이겨낼 수 있다.

이런 변화에 대응하는 좋은 방법이 '삶의 방식을 다운사이징 (down sizing life style)하는 것'이다. 삶의 방식 중 강제로 다운사이징 당하는 것은 소득과 사회생활이다. 직장에서의 퇴직이 바로 그것이다. 문제는 소득과 사회생활은 강제로 다운사이징되는데 소비는 그대로 유지한다는 데 있다. 소비는 본인이 예견하여 스스로 다운사이징을 해야 한다. 당신은 어떤 소비 항목을 먼저 줄여야 할까?

다른 사람의 삶을 살지 말고 나 자신의 삶을 살자

당신의 소비 항목을 분석해보면 그 안에 답이 있다. 우리나라 가계의 주요 지출 항목을 크기 순서로 나열해보면 다음과 같다. 주거 관련 비용(주택 관리비, 전기 수도 광열비, 주택 관련 부채 원금 및 이자, 준거집단 소비 항목, 재산세 등), 자녀 결혼비용, 교육비, 자동차 관련 비용(자동차 구입비, 자동차세, 유류비, 주차비, 수리비 등), 통신비, 피복비, 의료비, 외식비, 여행 및 문화비, 교통비 등이다. 물론 이는 가계의 성향에 따라 다를 수 있다.

이러한 지출 항목을 분석하여 자신에게 맞게 다운사이징해야 한다. 주택의 크기를 줄이고, 자녀 교육비를 줄이고, 자동차 크기를 줄이거나 없애고, 자녀의 결혼식을 간소화하고, 통신비를 줄이는 등의 노력을 기울여야 삶을 유지할 수 있다. 이때 유의할 점이 있다. 다른 사람과 비교하지 말아야 한다. 옆집은, 친구는, 직장 동료는, 형제는, 하는 식으로 비교하지 말고 당신 스스로 주체적인 삶을 영위할 수 있는지의 여부를 중심으로 분석해야 한다.

소비를 줄이는 가장 좋은 방법은 넓은 집(지금 살고 있는 집)을 팔고 좁은 집으로 이사하는 것이다. 주택 건축물의 면적이 줄어들면 여러 가지 지출도 자동적으로 줄게 된다. 첫째, 유형 자산의 크기가 줄어든다. 우선 냉장고, 텔레비전, 자동차, 가구 등의 크기가 줄어들 것이다. 둘째, 주택 관련 각종 비용이 줄어든다. 주택 관련 세금, 주택 관리비, 품위 유지비 등의 비용이 줄어든다. 셋째, 각종 사회적 비용이 줄어든다. 친구들이나 사회단체에서 집을 줄여서 이사하는 사람에게 밥을 사라고 하겠는가, 술을 사라고 하겠는가, 기부금을 내라고 하겠는가! 부모에 대한 자녀들의 기대 또한 줄어든다. 부모가 50평대의 큰 집에서 살면서 자녀들에게 아껴 쓰고 절약하라고 말하는 것과 17평짜리 집에 살면서 검소하게 살라고 말하는 것 중 어느 경우에 더 부모의 말을 귀담아 들을까?

이런 방법이 실제로 가능할까? 가능하다. 많은 분들의 사례를 일일이 언급할 수는 없지만, 실제로 가능한 경우가 월등하게 많았다. 만일 현재 수준의 삶을 평생 유지하면서 살고 싶다면 집의 규모를 반 정도로 줄이고, 자동차 크기도 반으로 줄이면 큰 어려움 없이 살아갈 수 있다. 그만큼 집의 크기를 줄이는 것이 중요하다. 강의나 상담으로 만난 사람들에게 알려주었더니 반응이 매우 좋았다.

부모와 자녀가 함께 살 수 있는 역모기지 활용법

주택연금이란 만 60세 이상의 고령자가 소유 주택을 담보로 맡기고 평생 또는 일정 기간 동안 매달 연금처럼 노후자금을 받는 것을 말한다. 2007년에 출시된 이후 주택연금 가입자 수가 5만 9000명 (2018년 11월말 기준)을 넘어서고 있으며, 많은 사람들이 노후대비책으로 주택연금 제도에 관심을 가지고 있다.

2015년 6월을 기준으로 만 60세에 5억 원의 집을 담보로 연금을 받을 경우 매달 약 114만 원을 받을 수 있다. 만약 이 집에 대출금이 남아 있다면 수령하는 금액은 더 적어진다. 시세정보가 없는 다가구, 다세대주택의 경우에도 감정평가를 통해 공시가격이 아닌 시세를 기준으로 월 지급금이 정해진다.

주택연금 월 지급금을 어떤 방식으로 받을지는 고객이 선택할 수 있다. 정액형, 증가형, 감소형, 전후후박형이 있는데, 자신의 경제활동 계획에 맞춰 가장 적합한 유형을 선택하면 된다. 증가형을 선택할 경우에는 향후 물가가 상승하더라도 구매력을 유지할 수 있다. 다만, 노년기에는 소비와 지출이 줄어들 것이므로 정액형을 선택하는 사람이 많다.

5억 원을 은행에 예금하면 연 2%의 이자로 월 83만 원을 받게 된다. 이자소득세 및 지방소득세 15.4%를 빼고 나면 받는 금액은 더 적어지고, 경우에 따라서는 종합소득세 과세 대상이 될 수도 있다. 하지만 주택연금 월 지급금은 대출이자 등을 제한 후 순수하게 지급되는 금액이므로 소득에 포함되지 않고, 다른 연금소득이 있는 경우에는 오히려 주택연금 대출이자의 최대 200만 원까지 소득공제를 받을 수 있다.

주택연금 가입 시에는 추가 비용이 발생한다. 먼저 주택연금 가입 시 현재 살고 있는 주택에 대해 감정평가 비용을 지불해야 한다. 감정평가 비용은 소유 주택의 시세정보나 공시가격이 실제 시세보다 낮다고 판단하여 감정평가를 원하는 경우에만 발생한다.

주택연금 가입 시에는 보증료를 납부해야 한다. 예를 들어 주택가격이 5억 원일 경우 보증료로 주택가격의 1.5%인 750만 원과 보증 잔액의 연 0.75%에 대한 비용이 발생한다. 보증료는 가입 시 1회만 내면 된다.

주택연금에 가입한 후에도 주택의 소유권은 고객에게 있다. 가입자(배우자 포함)가 사망하여 정산 시 주택연금 수령액이 주택가격보다 적을 경우 잔여 재산액은 상속인에게 상속되며 주택연금 수령액이 주택가격을 초과하는 경우에는 상속인에게 청구하지 않고 담보주택을 경매 등의 방법으로 처분한다.

주택연금은 살고 있는 집을 기초자산으로 해서 노후생활 자금을 지급하지만 실제로는 집을 담보로 대출해주는 구조다. 고정 수입이 있을 때 금융자산을 적절히 배분하여 저축과 투자를 함께 했다면 노후에 집을 담보로 생활하지 않아도 될 것이다. 모든 것을 집에 투자하면 결국 남는 것은 집밖에 없다. 따라서 은퇴 이후에 가진 것이 집 하나뿐이라면 주택연금이 대안이 될 수 있다. 미리 노후에 대비하여 자신의 집도 지키고 은퇴 이후의 삶도 지킬 수 있도록 하자.

32평형 주택연금 vs 17평형 주택연금

그럼, 주택과 주택연금을 효과적으로 활용하는 두 가지 방법을 제시해보겠다.

첫째, 중대형 주택을 가지고 있다면 주택연금보다는 일단 집 크기를 줄이고 차액은 종신지급형 즉시연금에 가입하기를 권한다. 종신지급형 즉시연금은 목돈을 맡긴 뒤, 가입자가 정한 기간 또는 사망 시까지 일정액을 받을 수 있는 제도로 생명보험회사에서 판매하는 연금보험 상품이다.

예를 들어보겠다. 2019년 1월 수도권 소재의 33평, 시세 5억 원의 아파트를 보유한 만 60세의 남성이 주택연금 가입 시 노후를 설계한다면 매달 약 114만 원을 받을 수 있다. 반면에 아파트의 크기를 줄여 수도권 소재의 16평, 시세 2억 8000만 원의 아파트로 이사를 가고 남은 차액 2억 2000만 원으로 종신지급형 즉시연금(10년 보증 표준이율)에 가입한다면 매달 92만 원의 연금을 받을 수 있다. 주택연금이 즉시연금보다 매달 약 20만 원을 더 받을 수 있다. 하지만 주택 다운사이징으로 인한 관리비 및 세금 절감 등을 감안하면 실제 쓸 수 있는 금액은 큰 차이가 없다.

이와 더불어 주택을 다운사이징하면 생활비도 줄일 수 있다. 중대형 아파트에 살면 아무래도 주변의 환경에 영향을 받아 평균 소비가 커진다. 하지만 소형 아파트로 이사하면 큰 집에 살면서 준거 집단에 따라 무심코 하던 소비를 자제하게 된다. 따라서 장기적으로 보면 소형 아파트로 이사 가는 것이 불필요한 비용을 아낄 수 있는 방법이다.

이런 내용으로 강의를 하면 많은 사람들이 공감한다. 또한 주택연금은 연금수령으로 인해 주택의 가치가 점점 감소한다. 하지만 소형 아파트는 평생 살면서 온전히 나의 소유로 남게 된다. 아무런 구애도 받지 않고 마음대로 이사를 갈 수도 있고 경제 상황에 따라 집을 살 수도 있고 팔 수도 있다. 그리고 자녀에게 물려줄 수도 있다.

둘째, 소형주택을 가지고 있다면 주택연금을 적극 활용하기를 권한다. 만약 20평대 이하 주택을 보유하고 있다면 더 작은 평수로 이사 가는 것은 현실적으로 무리가 있다. 규모를 줄일 수 있는 주택이 한정되기 때문이다. 소형주택의 경우 주택연금을 활용하면 노후에 큰 도움이 될 수 있다. 현재의 집에 살면서 안정적인 연금을 받을 수 있다. 그리고 주택연금은 집값의 변동에 상관없이 가입 당시 약속한 연금을 지급하기 때문에 노후의 재정 상황을 예측하여 계획할 수 있다. 단, 소형 아파트 소유자가 주택연금에 가입할 때에는 대출금이 없는 상태가 유리하다. 대출금이 있으면 연금액이 상대적으로 적어지기 때문이다.

은퇴 대비책으로 주택연금과 즉시연금에 대해서 설명했다. 은퇴에 대비하기 위해서는 고정 수입이 들어오는 연금이 반드시 필요하다. 어떤 것을 선택하든 자신의 상황에 맞는 연금을 택하고 가족과 진지하게 상의하여 동의를 얻어야 한다. 또한 전문가의 도움을 받는 것이 좋다.

역모기지 vs 다운사이징

	역모기지	다운사이징
월 실제 소득액	33평: 114만 원	92만 원 + 16평 아파트
주택 최종 소유	국가 소유	자신 및 자녀 소유
심리적 효과	불안정	안정(든든함)
자녀와의 관계	불안정	합리적

행복의 기준을 바꿔야 할 때

다음 중 누가 더 행복할까?

❶ 경기도 고양시 소재 거주 아파트 가격 2억 원, 금융자산 8억
원, 부채 없음

❷ 서울 서초구 소재 거주 아파트 가격 11억 원, 금융자산 3억 원,
부채 5억 원

나는 1번이 단연 행복할 것이라고 생각한다. 그런데 두 가장이 겉
으로는 멀쩡하게 직장에 다니고 있다면 누가 더 잘난 사람처럼 보
일까? 누가 더 돈을 잘 쓰고 다닐까? 보통의 경우에 사람들은 누구
를 더 부러워할까? 누가 더 성공한 사람처럼 보일까?

우리 눈에 보이는 것은 껍데기일지도 모른다. 어디에 사는가? 살
고 있는 집이 자기 소유인가, 아니면 전세나 월세인가? 얼마짜리 집
에 살고 있는가(소유건 전세건)? 어느 대학을 나왔는가? 아이들은
공부를 잘할까? 아이들은 어느 학원에 다닐까? 아이들은 어느 대
학에 다닐까? 자동차는 어떤 차종일까? 등등.

우리는 겉모습을 보고 그 사람을 판단하는 경향이 있다. 그러다 보니 다른 사람들에게 기죽지 않으려고 겉으로 보이는 것에 집중한 다. 무리해서 강남에 살고, 무리해서 큰 차를 사고……. 어쩔 수 없 이 친구 따라 강남까지 갔다면 다시 원래의 자리로 돌아와야 한다.

당신에게 가장 중요한 것은 바로 당신 자신이다. 부모도, 형제도, 친구도, 심지어 배우자와 자식까지도 당신의 인생과 당신의 노후를 책임져주지 않는다. 다른 사람들이 어떻게 보든, 어떻게 생각하든 당신만의 기준을 가지고 살아가는 구조로 바꾸고 행복의 기준을 만 들어가야 한다.

강남에 거주해야 행복하게 살 수 있는 것이 아니다. 일산에서도, 울산에서도, 제주도에서도, 전주에서도, 거제도에서도, 속초에서도, 청주에서도, 광주에서도, 순창군에서도, 봉화에서도 얼마든지 행복 하게 살 수 있다.

집을 파는 것에 대한 두려움을 버려라. 차를 소형차로 바꾸는 것 에 대한 부끄러움을 버려라. 생활 수준을 소득 수준에 맞게 바꾸는 것에 대한 불편한 심기를 버려라. 아니 반드시 버려야 한다. 적게 벌 면 적게 쓰는 삶, 눈높이를 낮추는 삶으로 자신을 바꿔야 한다. 시도 하지 않아서 그렇지 마음만 먹으면 누구나 가능하다.

그동안 소비에서 행복을 찾았다면, 모으고 아끼는 것에서 행복을 찾아야 한다. 사는 것은 새로운 의미를 찾아가는 과정이다. 지금 중요한 것은 당신이 어디에 사느냐가 아니다. 내가 감당할 수 있는 나만의 구조를 만드는 것이 중요하다. 살아온 날만큼이나 살아가야 할 날이 많이 남았다는 사실을 명심하자.

4

위기와 기회는 동시에 온다

돈에게 어디 갔느냐고 묻는 대신에
어디로 갈 것인가 하고 묻기를 배워야 한다.
– 밥 돈

위기를 기회로 만드는
10가지 투자 전략

세계경제 질서와 국내 사회경제 질서가 바뀌고 있다. 세상이 바뀌면 우리의 대응도 바뀌어야 한다. 앞서 계속해서 패러다임의 변화를 숫자를 근거로 이야기했다. 그러한 패러다임의 변화 속에서 우리는 구체적으로 어떻게 대응해야 할까?

먼저 앞에서 이야기한, 몇 년 안에 다가올, 아니 이미 다가온 패러다임의 변화 요인을 정리해보면 다음과 같다.

첫째, 미국은 기준금리를 지속적으로 인상하고 있고, 앞으로 계속 인상할 것으로 보인다.

둘째, 우리나라 베이비부머의 나이가 이미 60대에 이르렀고, 2017년부터는 60세 이상의 인구가 매년 70만 명, 80만 명, 90만 명, 100만 명으로 급증한다.

셋째, 주택 재건축과 신규 아파트 대량 분양은 엄청난 주택공급을 불러왔다.

이외에도 미국 트럼프 정부 정책 불안정성, 우리나라 주요 대기업과 중국 기업과의 경쟁관계, 중국 경제의 경착륙 가능성, 남북관계의 변화 등이 새로운 질서를 야기할 주요 변수가 된다.

미국은 2008년 이후 양적 완화 정책에서 긴축 정책으로 전환하고 있다. 이는 세계경제 패러다임에 변화를 줄 것이다. 미국의 금리 인상은 이머징 국가에 투자되어 있던 돈이 미국으로 유턴한다는 것을 의미한다. 지금이 바로 그 변화된 금융 질서 소용돌이 한가운데로 들어가기 직전이다. 헬리콥터 위에서 돈을 뿌려서라도 경제를 살리겠다던 미국은 통화의 추가 공급을 중단했다. 그리고 2015년 12월부터 시작하여 금리 인상을 기조로 삼는 정책이 계속되고 있다. 미국은 고용지표, 각종 경제지표, 물가지표 등이 양호하기 때문에 이런 정책을 펼 수 있는 것이다.

한국은 미국과 같은 세상에서 살지만 금융 및 경제 환경이 전혀 다르다. 우리나라는 돈을 마음대로 찍어서 경기를 부양할 수도 없고, 매년 소득 절벽을 의미하는 퇴직인구가 급증하고 있고, 출산율도 낮고, 고령화도 더 심각하고, 인구도 적고, 인구구조도 미국보다 더 나쁘다.

이러한 시기에 상황에 맞는 투자 전략을 수립하는 것은 그 어느 때보다 중요하다. 다만 여기서 말하는 투자 방법은 향후 1~3년 사이에 취할 수 있는 방법이다. 즉 단기적으로는 안정 추구 위주의 투자 전략을 사용하고, 이 책에서 예상한 방향으로 세상이 흘러가면 그때는 오히려 여기서 제시하는 방법과는 반대로 투자하는 것이 더 바람직할 수 있다.

앞으로 일어날 세상의 변화를 이겨내고, 위기를 기회로 만들 10가지 투자 전략을 소개한다.

1. 생애 설계를 하라

위기일수록 원칙을 지켜야 한다. 생애 설계는 자산관리의 가장 기본이면서 필수요건이다. 생애 설계란 가족이 앞으로 살아갈 길을 미리 가보는 것이다. 돈이 언제 얼마나 필요할지를 알게 해준다. 생애 설계는 생각보다 쉽다. 대학교에서도 학생들과 수업을 통해 시도하고 있다. 많은 학생들이 자신의 삶에 대해 진지하게 생각하는 계기가 되었다고 말한다.

진정한 부자는 '가족 모두가 죽을 때까지 돈이 떨어지지 않도록 준비한 사람'이다. 소득이 있을 때에는 소득으로, 소득이 없을 때에는 연금으로(국민연금, 공무원연금, 군인연금, 사학연금, 종신연금) 준비하면 된다. 더 적극적인 의미의 부자는 '돈이 필요할 때 필요한 만큼 있는 사람'이다. 교육비, 결혼자금, 주택마련자금, 은퇴자금, 질병치료비, 상해자금, 간병자금, 사후정리자금 등이 충분히 준비되어 있으면 부자라고 할 수 있다.

생애 설계를 하여 그에 맞게 준비하면 자산관리에 여유가 생기고 무리할 필요가 없고 실수를 줄일 수 있으며 돈에 대해 냉정한 판단을 할 수 있다.

다른 사람들에게 희망고문을 하지 말자. '꿈을 가져라'든가, '간절히 원하면 이루어진다'라든가, '기부를 하며 살아라' 등의 말은 많은 사람들을 힘들게 하고 무리하게 만든다. 나는 다른 사람들에게 도움을 주어 사회에 기여하는 것보다 다른 사람에게 피해를 주지 않음으로써 사회에 도움을 주는 것이 더 먼저라고 생각한다. 나는 가난을 구제하겠다는 원대한 꿈도 없고, 다른 사람들을 먹여 살리겠다는 의무감이나 책임감에 매여 있지도 않다. 내가 할 수 있는 가장 큰 일은 나와 내가 만난 사람들에게 돈에 휘둘리지 않는 삶, 돈의 노예가 되지 않는 삶을 살 수 있도록 도와주는 것이다.

나와 자산과의 관계를 잘 정립해야 한다. 자칫 잘못하면 주객이 전도될 수 있다. 우리는 집을 마련하기 위해서, 자녀를 교육시키기 위해서, 자동차를 사기 위해서, 스마트폰 요금을 지불하기 위해서, 외식을 하기 위해서 얼마나 많은 비용을 지불하고 있는가. 이러한 것들이 다 필요 없다는 이야기가 아니다. 이런 것들을 유지하려다가 결국은 가족 모두를 불행하게 만드는 길로 가고 있는 것은 아닌지를 잘 생각해야 한다.

자동차는 가족의 편리함과 행복을 위해서 있는 것이지 자동차 구매 및 유지비 때문에 자녀교육이나 은퇴 준비를 못하게 된다면 자동차는 행복이 아닌 불행을 주는 요소가 된다. 자녀교육비는 자녀와 부모의 행복을 위해서 지출되어야 하고, 휴대전화는 소통과 생활 편의를 위해 있어야지 이를 유지하기 위해 빚을 지거나 은퇴 준비를 못하게 된다면 오히려 나에게 해가 될 수도 있다.

2. 위험 자산을 피하라

위험자산은 어떤 사건이 발생하면 그에 반응하여 가격 변동성이 커지는 자산을 말한다. 긍정적인 사건에는 가격이 크게 오르고, 부정적인 사건이 발생하면 가격이 크게 하락하는 자산이 위험자산이다. 주식, 부동산, 선물 등 파생상품, 금을 포함한 원자재 등이 대표적인 위험자산이다. 앞서 언급한 대로 미국이 제로 금리 정책을 포기하고 금리 인상을 기조로 정책을 펴기 시작했기 때문에 대출을 받은 사람은 이자 부담을 각오해야 한다. 2016년 이후 주택의 공급 물량이 사상 최대 수준으로 증가하고 있으므로 집값이 일시적으로 오를 가능성은 있어서도 계속 오를 가능성은 없다. 오히려 계속해서 떨어질 가능성은 높다. 1958년, 1959년생은 이미 60대이고

1960년대 출생자들도 곧 60세에 진입한다. 이 연령층은 집을 팔 일만 남았고 소비를 줄일 일만 남았다.

미국의 기준금리 인상은 미국과 우리나라의 금리 차이 축소로 외국 투자자들의 자금 이탈을 유발할 수 있기 때문에 이를 막기 위해 우리나라 기준금리 역시 상승할 가능성이 매우 높다. 기준금리 상승은 1500조 원이 넘는 가계부채와 중소기업 및 자영업자 대출까지 합하면 2000조 원 이상의 대출에 대한 이자 부담을 증가시킨다.

이는 자칫 잘못하면 가계의 파산을 야기할 수도 있어 경제성장에도 악영향을 줄 수 있고, 주택가격에도 부정적인 영향을 줄 수 있다. 또한 대출이자 부담의 증가는 가처분소득을 감소시켜 소비를 위축시킨다. 이는 내수기업의 매출 감소로 이어지면서 경제의 악순환이 계속될 것이다. 이 악순환의 고리를 정리하면 다음 그림과 같다.

신규 주택 공급의 증가는 주택가격을 하락시킨다. 이는 과거의 경험으로 충분히 알 수 있다. 우리나라 가계자산의 80% 이상을 차지하는 주택가격이 하락하면 사람들은 심리적으로 위축되고, 이는 다시 소비를 감소시키고 주택을 줄여서 은퇴자금이나 자녀 결혼자금으로 사용하려던 사람들에게는 큰 타격을 준다. 뿐만 아니라 기존 주택을 처분하여 신규 주택으로 입주하려던 사람들은 자칫 잘못하면 신규 주택 입주를 포기할 수도 있고, 전세를 주었던 집주인들은 전세금을 돌려주어야 하는 역전세난에 봉착할 수 있다. 이는 다시 주택가격 하락으로 이어지고, 소비를 위축시켜 경제에 악영향을

미국 금리 인상 영향

미국 금리 인상

외국계 국내 투자자금 유출

우리나라 금리 인상,
달러 대비 원화 환율 상승

대출이자 부담 증가,
가계 가처분소득 감소

주택가격 하락, 가계 소비 감소

기업체 고용 감소, 내수기업
주가 하락, 수출기업 주가 상승

주고, 다시 주가 하락을 불러올 수 있다.

우리나라 1차 베이비부머인 1955년~1963년생의 60세 진입은 소비시장에 매우 큰 충격을 주고 있다. 우리나라에서 60세는 정상

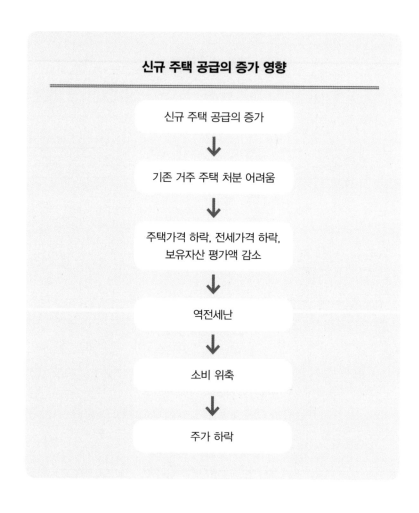

신규 주택 공급의 증가 영향

신규 주택 공급의 증가

↓

기존 거주 주택 처분 어려움

↓

주택가격 하락, 전세가격 하락,
보유자산 평가액 감소

↓

역전세난

↓

소비 위축

↓

주가 하락

적인 노동시장에서 이탈하기 시작하는 나이이다. 노동시장에서의 이탈은 직업과 소득의 단절을 의미한다.

직업의 단절은 심리적 상실감과 자존감의 상처를 야기할 수 있고, 소득의 단절은 소비의 감소와 함께 생계를 위협할 수도 있다.

1955년에서 1963년 사이에 태어난 사람들의 나이별 평균 수는 약 80만 명이다. 1년에 약 80만 명 정도가 소득 절벽을 맞고 있다.

가계 순자산에서 부동산 비중이 100% 가까이 되고, 현금 보유액이 거의 없는 우리나라 사람들은 소득 절벽에 이르면 현금을 마련하기 위해 집을 처분하려 할 것이고, 이는 집값 하락을 불러올 것이다. 소비 감소와 집값 하락은 다시 주가 하락으로 이어질 수 있다.

이러한 위험 요소는 단독으로도 영향을 미치지만 상호 영향을 가중시키기도 한다. 설상가상, 엎친 데 덮친 격과 같은 말이다. 소득 절벽과 이자 부담 증가가 만나고, 이자 부담 증가와 집 처분 압박이 만나면 어떻게 될까? 더 심각한 일이 일어날 수 있다. 사실 한 가지 변수만 닥쳐도 우리가 대응하기 힘들 수 있다. 그런데 2017년 이후 서서히 나타나고 있는 이런 여러 가지 위험 요소들이 2019년 이후 한꺼번에 밀어닥칠 가능성이 높다.

이외에도 원유가격 하락, 건설경기 둔화, 중국의 원자재 재고 증가 및 경제성장 둔화, 일본의 엔저 정책 지속 등의 경제 환경이 우리나라 투자자들에게 어려움을 주고 있다.

이처럼 불확실하고 불안한 경제 환경에서는 위험을 최소화하는 것이 바람직하다. 위험을 최소화하는 방법으로는 안전자산을 보유하는 것이 상책이다. 안전자산으로는 예금 같은 현금성 자산, MMF나 CMA 같은 초단기 투자자산, 만기가 짧은 국공채 등을 들 수 있다.

베이비부머 60세 진입의 영향

베이비부머 60세 진입

↓

노동시장 이탈

↓

소득과 직업절벽

↓

소비 위축

↓

주택 처분 증가

↓

주택 수요 감소

↓

주택가격 하락

↓

소비 위축

↓

주가 하락

우리는 IMF, 카드 대란, 글로벌 금융위기 시기에 닥친 위험을 과소평가한 경험이 있다. 물론 그 위기를 겪고 나면 다시 경기가 회복되어 투자자들에게 원금 이상의 수익을 가져다주기도 했다. 하지만 그 어두운 터널을 무사히 빠져나온 사람은 많지 않다. 지뢰가 매설되어 있다고 하면 피해서 다닐 것이 아니라 그 지역에는 아예 가지 않는 것이 현명한 행동이다.

3. 아파트를 포함한 부동산 자산의 비중을 줄여라

앞으로 집값은 떨어진다. 경제위기가 오면 집값은 폭락할 수 있고 경제위기가 오지 않더라도 집값은 하락할 것이다. 지금 당장은 떨어지지 않을지 몰라도 15년 후부터는 반드시 떨어진다. 이 시기에는 사망인구가 약 60만~80만 명에 이르는 반면, 2000년 이후에 태어난 인구는 1년에 약 40만 명이 되기 때문에 공급이 수요를 초과하게 된다. 15년 후가 아니어도 2~3년 후에 신규 주택 공급이 늘어나는 시기에 집값은 큰 조정을 받을 수 있다.

당장 몇 년 안에 집값이 떨어지지 않는다 해도 베이비부머가 퇴직하고 나면 금융자산이 없어서 어쩔 수 없이 집을 처분해야 하는 상황이 온다. 2015년 7월에 한국FP학회에서 발표한 '한국 가계의 Financial Fittness' 자료(주소현 외)에 따르면 우리나라 중간 소득 계층(소득 5분위 중 2분위, 3분위, 4분위: 1분위가 소득이 가장 낮은 계층

이고 5분위가 가장 높은 소득 계층임) 대표 가계의 재무상태는 다음과
같다.

총자산	3억 7099만 원
총금융자산	6752만 원
총부채	7046만 원
총실물자산	3억 347만 원

위 표를 뚫어지게 쳐다보자! 그냥 보지 말고 정말 뚫어지게. 그리
고 감정을 불어넣어 생각해보자. 막연하게 생각하지 말고. 내가 너
무 지나치게 반복하여 강조한다고 생각하는가? 그렇지 않다. 아무
리 뚫어지게 쳐다봐도 지나치지 않다. 통계자료이니 조금 자세하게
설명하겠다.

이 통계자료는 우리나라 대표 가계의 상황이다. 대표 가계라 하
면 가장의 나이가 약 45세다. 우리나라 경제적 정년이 약 52세이므
로 평균적으로 은퇴가 7년 정도 남았다. 자녀는 보통 2명이고 초등
학교 또는 중학교에 다닌다. 앞으로 이 가장이 지출해야 할 돈은 고
등학교와 대학교 교육비, 자녀들 결혼비용, 본인의 은퇴비용, 노후
의 각종 의료비 등이다. 여행이나 취미는 제외하겠다.

자, 이제 숫자에 의미를 담아 해석하고 생각해보자. '어떻게 되겠

지'라고 막연하게 생각해서는 안 된다. 금융자산이 6752만 원이고 금융부채가 7046만 원이다. 대한민국 대표 가계의 가장이 퇴직을 했다고 가정하자. 매달 지출해야 할 대출이자, 주택 관리비, 자녀 학자금, 생활비, 통신비 등을 무엇으로 지불해야 할까? 퇴직을 했으니 소득이 없다. 금융자산으로 지출해야 한다.

대한민국 대표 가계의 월 고정지출 77만 8779원 중 소득이 중단되면 내지 않아도 되는 공적연금 등을 제외하면 약 60만 원이 지출될 것이고, 변동지출로 약 337만 원이 지출되므로 고정지출과 변동지출을 합하면 월 소비 지출액은 약 400만 원이다. 금융자산 6752만 원에서 매달 400만 원을 쓰면 약 17개월 뒤에는 현금이 떨어지게 된다.

대한민국 대표 가계는 현금이 거의 없다. 이제부터 무엇으로 살아갈까? 가족 모두가 쫄쫄 굶어야 하나? 가지고 있는 것이 무엇인지 생각할 것이다. 가지고 있는 것은 집(아파트)밖에 없다. 취직을 하면 해결이 되는데 어디 취직이 그리 쉬운가? 집을 팔지 않으면 답이 없다. 이렇게 소득 절벽에 처한 사람들이 무려 80만 명이나 된다. 80만 명이 집을 팔려고 하는데 집을 살 사람은 40만 명밖에 없다면 집값은 어떻게 될까? 집값은 떨어진다. 아니 어쩌면 팔지 못할 수도 있다.

가능하다면, 빠른 시일 내에 주택 비중을 줄여야 한다. 자산의 50% 이내로 주택 비중을 줄여라. 그래야 가족 모두가 살아갈 수 있다. 총자산이 3억 7000만 원인 대한민국 대표 가계의 적절한 금융 자산 금액은 1억 9000만 원이다. 잊지 말아야 한다. 부동산의 비중 이 전체 자산의 50% 이내여야만 가족 모두가 살 수 있다.

4. 원화 표시 자산의 비중을 줄여라

미국이 공언한 대로 기준금리를 지속적으로 인상한다고 가정하 자. 미국의 금리가 높으면 많은 사람들이 미국 돈을 가지려고 할 것 이다. 돈에 대한 수요와 공급의 법칙에 의해 미국 돈의 가격은 올라 가고 우리나라 돈의 가격은 내려갈 것이다. 이럴 경우 우리는 어떻 게 해야 할까?

2019년 1월 10일 현재 원화와 달러의 환율은 1118원 대 1달러 이고, 종합주가 지수는 2062포인트다. 우리 입장에서 환율이 오른 다는 것은 1달러가 1118원에서 1300원가량이 된다는 것이다. 만 약 2020년 1월 10일 환율이 1300원이 되었고, 종합주가지수는 그 대로 2062포인트라고 가정하자.

❶ 우리나라 종합주가지수에 투자한 사람의 수익률은 얼마나 될 까? 0이다. 투자한 상품가격은 그대로이니까. 실제로 이런 경 우에는 거래 비용을 빼고 나면 투자 손실이 난다.

❷ 달러 표시 연 수익률 1% MMF에 투자한 사람의 수익률은 얼

마나 될까? 달러 표시로는 약 1%의 수익률을 얻었을 것이다. 그런데 이 시점에서 미국의 달러를 팔고 원화로 바꾸면 약 16.4%(($1300-1118) \div 1118 \times 1.01$))의 수익률을 올릴 수 있다. 물론 이러한 효과에 매매 수수료, 세금 등의 거래 비용을 고려해야 더 정확한 수익률을 계산할 수 있다. 이러한 환율 효과에다 주가나 부동산 가격이 하락하면 그 손실과 기회비용은 더욱 커지게 된다.

따라서 지금은 앞으로 떨어질 것으로 예상되는 원화 표시 자산의 비중을 줄이고, 가격이 올라갈 것으로 예상되는 달러 표시 자산의 비중을 늘리는 전략이 필요하다.

원화 표시 자산으로는 어떤 것이 있을까? 첫 번째가 아파트, 주택, 상가, 건물, 토지 등의 부동산이다. 앞에서도 여러 차례 언급했지만 장기적으로 집값이 상승하기는 어렵다. 거기에 환율 효과까지 감안하면 부동산의 비중을 줄이고 일부를 달러 표시 자산으로 바꾸는 것을 고려해야 한다.

두 번째가 예금이나 적금이다. 향후 2~3년 동안은 예금이나 적금의 일부를 달러 예금이나 적금 또는 펀드에 가입하는 것이 좋다.

5. 안전자산과 달러 표시 자산의 비중을 높여라

이는 곧 위험자산의 비중을 줄이라는 말이지만 강조하기 위해서 별도 항목으로 넣었다. 가격의 변동성이 클 경우에는 안전자산의 비중을 높이는 것이 좋다. 위험자산의 비중을 줄이고 안전자산의 비중을 늘릴 것을 권한다. 대표적인 안전자산으로는 예금과 적금, MMF, 달러 예금과 적금, 현금, CMA 등이 있다.

안전자산의 비중을 늘리는 것은 언제까지나 안전자산으로 자산 관리를 하기 위함이 아니다. 시간이 지나면 미국의 기준금리 인상 정책이 바뀌는 시기를 예측하는 경제 기사들이 많이 나오게 된다. 또 우리나라 주가나 부동산 가격이 IMF 때나 금융위기 때처럼 폭락 하게 되면 오히려 안전자산을 처분하여 위험자산을 구입해야 하는 기회가 반드시 온다.

우리는 여러 나라의 자산을 선택할 수 있다. 예를 들면 미국의 달러, 유럽의 유로화, 일본의 엔화, 중국의 위안화, 러시아의 루블화, 브라질의 헤알화, 인도의 루피화, 베트남의 동화 등의 자산을 선택 할 수 있다.

달러가 강한 시대에는 돈이 주로 이머징 국가에서 선진국, 특히 경제 여건이 좋아질 것으로 예상되는 국가로 이동한다. 우리는 지금 미국의 경제 회복에 관심을 가지고 있다. 미국 경제가 좋아져서 인 플레이션이 발생하고, 인플레이션 속도를 조절하기 위해서 기준금 리를 인상한다는 것이다. 이럴 경우에는 다른 이머징 국가나 선진국의 화폐보다는 미국 달러 표시 자산에 투자하는 것이 바람직하다.

달러 표시 자산으로는 달러 현금, 달러 예금, 미국 국공채, 미국 주식, 미국 펀드, 미국 부동산 등이 있다. 요즘은 다양한 금융상품이 있어서 이러한 자산을 선택하는 데 별 어려움이 없다. 은행, 증권회사, 보험회사도 이런 상품을 조합하여 판매하고 있다. 각 상품의 특징을 잘 분석하여 선택하기를 권한다.

6. 소비를 미루고 저축을 늘려라

사람들은 다양한 이유로 저축을 한다. 가장 큰 목적은 주택 구입, 자동차 구입, 대학 등록금, 은퇴자금 등 미래에 필요한 돈을 만들기 위해서다. 두 번째 목적은 장래에 더 많이 소비하기 위해서다. 즉 소비를 미루는 것이다.

첫 번째는 누구나 아는 이야기이고, 두 번째는 낯설게 느껴질 수 있다. 예를 들어보자. 오늘 자동차를 사려면 2000만 원을 지불해야 한다. 그런데 예금 이자율이 10%이고 자동차 가격 상승률은 5%라고 하면 오늘 살지, 1년 뒤에 살지를 고민하게 된다. 오늘 자동차를 구입하면 2000만 원이 모두 들어가지만 1년 뒤에 구입하면 예금의 원금과 이자가 2200만 원이 되고, 자동차 가격은 2050만 원이 되므로 150만 원이 남게 된다. 150만 원을 벌기 위해서 자동차 구매를 미루는 것이다.

경제위기나 금융위기가 오면 대부분의 상품가격이나 자산가격이 하락하게 된다. 우리는 1997년 IMF 때나 2008년 세계 금융위기 때 자동차, 주택, 주식, 각종 공산품 등의 가격이 크게 하락하는 것을 경험했다. 많은 사람들이 우려하듯이 경제위기나 금융위기가 수년 내에 발생할 경우 우리는 또 한 번 자산이나 상품의 가격이 크게 요동치는 상황을 경험할 것이다.

이에 대비하여 앞으로 2~3년 동안 조금 더 절약하고 아껴서 저축액을 늘려야 한다. 경제위기나 금융위기가 발생하여 주택가격, 건물가격, 주식가격이 정상적인 가격보다 많이 내려가면 그때 위험자산, 원화 표시 자산들을 구입하여 투자수익률을 높일 수 있다.

저축은 여러 가지 장점이 있다. 저축을 오랫동안 한 사람치고 후회하는 경우는 없다. 여기서 예상한 대로 자산가격이 하락하여 부자가 될 수도 있지만 자산가격이 하락하지 않았다고 해서 저축한 것을 후회하는 사람이 있을까? 저축을 한 사람은 어떤 경우에도 이익이다. 이익의 규모가 큰가 작은가의 차이가 있을 뿐이다. 우리는 과거 IMF 때나 금융위기 시절에 부가 재편되는 현상을 많이 보아왔다. 당신은 부가 재편되는 시점에서 기회를 잡아 부자가 될 것인가, 아니면 자산을 잃고 빈자가 될 것인가?

7. 투자의 눈을 세계 자산시장으로 돌려라

전 세계 자산시장에서 우리나라 자산 규모가 차지하는 비중은 약 3%에 불과하다. 더욱이 매일 방송, 언론, 잡지, 강연 등에 오르내리는 고령화, 저출산, 저성장, 저금리, 은퇴, 소득 절벽, 청년실업 등의 부정적인 단어로 가득한 대한민국에서 자산을 올인하는 것이 과연 올바른 선택일까?

당신 자산의 몇 %가 우리나라 자산으로 구성되어 있는가? 중산층 자산의 대부분은 주택, 예금, 보험 등의 형태로 대한민국 국적의 자산을 가지고 있다. 2010년까지 대한민국이 전 세계 투자자산시장에서 꽤 매력적인 투자자산의 하나였다면 지금은 아닐 수도 있다.

이제는 세계로 눈을 돌릴 때다. 그래야 하는 몇 가지 근거를 찾아보자. 총인구, 인구구조, 출산율, 1인당 GDP, 대학 진학률, 정부의 안정성, 산업화 정도, 국민성 등을 근거로 들 수 있다.

첫째, 인구구조를 보자. 총인구도 많고, 20~40대 인구가 증가하고 있고 앞으로도 지속적으로 증가할 수 있는 나라를 찾아보자. 이런 기준을 충족하는 나라는 미국, 중국, 인도, 베트남, 미얀마, 인도네시아, 말레이시아, 라오스 등이다. 앞에서 언급한 나라별 인구구조표를 참고하기 바란다.

둘째, 출산율을 보자. 출산율이 높은 나라가 좋을까, 낮은 나라가 좋을까? 너무 높아도 너무 낮아도 좋지 않다. 출산율이 우리나라처럼 너무 낮으면 미래 노동력 및 소비력과 생산력이 떨어져 경제력이 전반적으로 약화될 수 있다. 반대로 출산율이 너무 높으면 1인당 가처분소득이 적어진다.

예를 들어 가장이 5000만 원을 버는데 자녀가 2명이면 총 4명이 1인당 1250만 원을 쓸 수 있지만, 자녀가 4명이면 6명이 1인당 약 833만 원만 사용할 수 있다. 그리고 자녀가 많으면 가임 기간 및 육아 기간 동안 여성의 노동 참여도 줄어 소득이 줄어들 가능성이 더 높다. 그래서 인구는 미국처럼 출산율이 약 2명에서 2.5명 정도가 바람직하다.

셋째, 1인당 GDP를 보자. 되도록이면 1인당 GDP가 낮은 나라를 선택할 것을 권한다. 우리가 미국이나 유럽에 투자하여 성공할 가능성이 얼마나 높을까? 주택 구입, 토지 구입, 주식투자, 요식업 개업, 숙박업, 통신업, 농업 등을 미국이나 유럽, 일본 등 이미 경험이 풍부한 선진국 사람들과 경쟁하는 것과 인도, 베트남, 말레이시아, 인도네시아, 미얀마 등에서 아직 경험이 짧은 사람들과 경쟁하는 것 중에서 어느 쪽이 더 승산이 높을까?

이런 식으로 여러 가지 기준을 가지고 분석한 후에 인구가 많고, 인구구조가 건강하고, 1인당 GDP가 낮고, 출산율이 적절하고, 학력 수준이 높아지고 있고, 국민성이 근면하고, 정부 부패 수준도 개선될 것으로 보이고, 대외 개방 의지가 강한 나라에 투자한다면 성공할 확률은 매우 높다.

8. 비과세·과세 이연제도를 활용하라

요즘 금리는 거의 제로에 가깝다. 거기에 이자소득세까지 납부하면 수익률은 더욱 낮아진다. 투자 수익을 생각한다면 동시에 세금에도 관심을 가져야 한다. 또한 해외 금융자산에 투자할 경우에는 특별히 조세협정을 맺은 경우가 아니라면 투자로 얻은 수익을 이자소득세로 과세한다. 국내 펀드에 투자하는 경우와 해외 펀드에 투자하는 경우에 세금이 다르다.

해외 금융상품에 투자하는 경우에도 비과세나 과세 이연 혜택을 받을 수 있는 금융상품이 있다.

첫째가 연금저축(계좌)이다. 연금저축 제도는 은행, 보험, 증권회사마다 차이가 있으므로 충분히 연구한다면 매우 좋은 투자수단이 될 것이다.

둘째로 변액보험이다. 변액보험은 일정한 조건을 갖추면 비과세 혜택을 볼 수 있다. 변액보험 역시 보험회사별로 차이가 있으니 잘 분석한다면 매우 좋은 투자수단이 될 수 있다.

셋째로 퇴직연금이다. 퇴직연금 제도에는 DC형, DB형, DB DC 혼합형, IRP 등이 있다. 이중에서 DB형을 제외하면 나머지는 수익과 손실 모두 가입자 개인의 책임이다. 의외로 이를 아는 사람이 많지 않다. 반드시 충분히 숙지하고 있어야 한다.

이외에도 정부에서 일시적으로 추진하고 있는 해외투자 비과세 제도, 개인저축계좌(Individual Savings Account: ISA) 제도 등을 이용하여 투자를 한다면 해외투자의 효과가 훨씬 더 커질 것이다.

9. 수수료를 줄일 수 있는 금융상품을 찾아라

수수료는 세금과 더불어 투자수익률을 결정하는 매우 중요한 항목이다. 은행, 보험회사, 증권회사마다 다르고, 같은 은행권, 증권권, 보험권 안에서도 다르고, 같은 보험회사 내에서도 상품마다 큰 차이가 있다. 투자자는 이러한 모든 것을 비교하여 선택해야 한다. 하지만 아직 우리나라에는 이러한 상품들을 비교할 수 있는 시스템이 전무하다. 비교할 수 있는 방법은 딱 한 가지뿐이다. 금융상품을 판매하는 회사 직원에게 비교해달라고 요청하는 방법이다. 각 상품의 장단점을 비교해달라고 당당하게 요청하라.

10. 전문가를 고용하라

지금까지 투자에서 성공하기 위해 고려할 점들에 대해서 이야기했다. 수긍하고 도전해볼 만하다는 생각이 들 수 있다. 하지만 막상 직접 투자나 자산관리에 적용하려고 하면 생각보다 어렵다고 느낄수 있다. 설령 혼자서 한다고 해도 시행착오를 겪게 되고 성공보다 실패를 경험할 가능성이 높다. 이때 실패를 줄이는 방법 중 하나가 바로 전문가의 도움을 받는 것이다. 투자에서 더 높은 성공률을 달성하고 싶다면 전문가를 고용하라. 전문가를 고용하려면 일정한 기준과 원칙을 가지고 있어야 한다.

첫째, 고용하려는 전문가의 이력을 봐야 한다. 누구나 앞으로 잘 하겠다고 말한다. 하지만 과거에 잘했고 지금까지 같은 일을 하고 있는 사람은 앞으로도 잘할 가능성이 높다. 물론 과거의 성공이 미래를 보장하는 것은 아니다. 하지만 과거에 성공한 경험이 있고 오랫동안 그 일을 하고 있으면서 그 분야에서 삶의 비전을 가진 사람이라면 그렇지 않은 사람보다 성공 가능성이 더 높다고 볼 수 있지 않을까?

둘째, 그 전문가를 고용하고 있는 회사를 보라. 개인의 능력도 중요하지만 회사가 가진 인프라도 봐야 한다. 회사가 전문적으로 내가 원하는 투자를 연구하고 있고 제대로 된 시스템을 갖추고 있는지를 파악해야 한다.

셋째, 자문료가 유료인지 무료인지를 보라. 진짜 유용한 재무 상담은 유료인 경우가 더 많다. '공짜가 제일 비싸다. 공짜 점심은 없다'라는 말이 있다. 우리나라는 아직까지 금융 상담, 재무설계 상담, 재무관리 상담, 자산관리 상담 등이 대부분 무료인 경우가 많다. 하지만 무료에는 반드시 대가가 있다. 무료로 재무 상담을 하는 회사는 임대료, 임직원 급여, 교육비, 판매 및 일반 관리비 등을 무엇으로 충당하겠는가! 무료 상담 뒤에는 반드시 금융상품에 대한 직접적이거나 간접적인 권유가 따르게 마련이다. 세상에 공짜는 없음을 인정하

자. 제대로 대가를 지불했을 때 제대로 된 재무 상담을 받을 수 있다. 이제는 우리나라도 유료 재무 상담이 자리를 잡을 시기가 됐다.

넷째, 재무자문 계약서가 있는지 살펴보라. 자산관리 및 재무자문에 대한 계약서가 있다는 것은 어느 정도 자산관리나 재무자문에 대한 경험과 노하우가 쌓여 있다는 것을 의미한다.

다섯째, 전문자격증 보유 여부를 확인하라. 재무관리, 자산관계, 재무 상담 등은 매우 어려운 영역이다. 특히 투자상품을 취급하는 경우에는 더욱 그렇다.

누군가에게는 위기,
누군가에게는 기회!

2011년 일본 도호쿠 지방에서 지진과 쓰나미로 인해 엄청난 인명과 재산 피해를 입은 적이 있다. 얼마 전 뉴스에 의하면 아직도 피해를 입은 주민 5만여 명이 피난생활을 하고 있다고 한다. 당시에 발생한 갑작스러운 자연재해로 기상 관측 시스템이 잘 되어 있다는 일본조차 속수무책으로 당했다. 그때 바다에 나가 있던 선박들은 일제히 항구로 돌아왔다. 하지만 항구로 돌아온 순간 쓰나미를 피하지 못하고 선박은 모두 부서졌고, 많은 사람들이 목숨을 잃었다. 그런데 바다 한복판에서 쓰나미가 오는 것을 보고 항구 쪽이 아닌 바다 쪽으로 뱃머리를 돌린 선박들은 바다 한가운데서 살아남았다. 육지에서는 쓰나미 경보를 듣고 재빨리 집에서 나와 높은 곳으로 피신한 사람들이 살아남았다. 그들은 대부분 아무것도 몸에 지니지 않고 필사적으로 대피한 사람들이었다. 하지만 귀중품과 필요한 물건을 챙기러 집으로 돌아갔던 사람들은 살아남지 못했다. 순식간에 벌어진 재난에, 살아야겠다는 생각을 필사적으로 움직였던 사람들과 자신이 지켜야 할 것을 먼저 생각했던 사람들의 생사가 갈린 순간이었다.

너무 극단적인 예를 든 것 같지만, 지금 우리에게 다가오고 있는 거대한 변화는 마치 쓰나미가 순식간에 몰려오는 것과 같은 충격을 줄 가능성이 높다. 나뿐만이 아니다. 대부분의 전문가들이 목소리를 높여 이야기한다. "우리가 지금까지 겪었던 어려움보다 더 어려운 상황이 닥칠지도 모른다"라고.

실제로 "요즘 정말 어렵다", "IMF때보다 더한 것 같다", "경기가 급랭하는 게 느껴진다"라고 말하는 사람들이 참 많아졌다. 그런데도 그들은 한결같이 정부 정책이 엉망이다, 최저임금 인상 때문이다, 대기업의 갑질 때문이다, 자영업자가 너무 많기 때문이다 등등 수많은 이유를 분석하는 데만 열을 올린다.

우리는 이미 1997년 IMF나 2008년 금융위기 등을 겪었기 때문에 나름 맷집도 생겼고, 이겨나갈 힘도 있다. 하지만 모든 일은 지나고 나서 평가하기는 쉽지만 미래를 예측하고 미리 대비하는 사람은 그다지 많지 않다. 하지만 우리가 앞으로 겪어야 할 위기는 단순한 하나의 이유 때문이 아닐 가능성이 높다. 세상이 변화하는 과정에서 일어날 수밖에 없는 거대한 흐름과 함께 오는 위기다. 지금 당장 피부에 와 닿는 체감경기와는 완전히 다른 위기일 수 있다는 말이다.

100세 시대, 베이비부머의 은퇴 등은 몇 년 전부터, 아니 십 수 년 전부터 많은 전문가들이 목청 높여 문제 제기한 이야기다. 너무 많이 들어서 새롭지도 않다. 사회 전반적으로 큰 변화가 일어나고 다양한 문제가 발생할 것이라고 했지만, 자기에게 직접 닥친 일이 아니니 체감을 못하는 사람이 더 많다. 아직 내가 은퇴하지 않았고, 아직 내가 먹고살 만하기 때문이다. 대한민국 50대의 현실이다. 60대, 70대가 겪고 있는 심각한 고민이 여전히 남의 일이다. 많은 기사를 보고, 주변을 둘러보고 심각함을 목격해도 나와는 먼 이야기로 느낀다. 그런데 예상이 진짜 현실이 되면? 이미 상황은 끝났다. 미리 대비한 사람들은 그나마 산으로 대피해서 살아남을 수 있다. 하지만 그렇지 못한 사람들은 허둥지둥 우왕좌왕하다가 모든 피해를 고스란히 입게 된다.

IMF나 금융위기를 예측한 사람은 그리 많지 않았다. 하지만 그 위기 상황에서도 냉정하게 대처하고 기회를 잡은 사람들이 분명히 있었다. 많은 기업들이 도산하고 많은 사람들이 일자리를 잃는 상황에서도 돈을 벌고 새로운 기회를 창출한 사람들이 있었다.

그런데 우리가 앞으로 겪을 변화는, 아니 이미 시작된 변화는 어느 정도 예측이 가능하다. 문제는 누가 빨리 행동에 옮기느냐에 있다. 지금도 여전히 아파트 담보대출 이자와 높은 사교육비에 허덕이면서도 넓은 아파트에서 살기를 고집하고 아파트 값이 오를 날을 기다리고 있다면 머지않아 땅을 치고 후회할 날이 온다. 아무 준비도 되어 있지 않으면서 '내가 어떻게 장만한 집인데? 집은 지켜야지' 하고 모든 상황을 감당하고 있다면 내 의도가 아니라 어쩔 수 없이 그 집에서 나와야 하는 상황이 닥칠 수도 있다.

2015년 이후 경제 패러다임의 변화를 많이 이야기했던 전문가들의 목소리가 요즘 작아졌다. 그들이 외치던 때도 분명 심각한 위기를 감지했지만, 미국의 금리인상이 예상보다 천천히 진행되면서 그 충격이 매우 미미했기 때문이다. 그런데 생각해보면 미국처럼 이기적인 나라도 없다. 미국의 금리인상 속도가 더딘 것은 미국 역시 금리인상으로 파생되는 경제 위기에 대한 두려움이 있기 때문이다. 게다가 우리나라는 정부정책의 혼선이 계속되면서 2017년과 2018년에 서울지역 아파트와 지방 일부 지역의 아파트 가격이 급등하는 현상까지 있었다.

"집을 팔아야 한다면서요? 남들은 지금 오른 집값에 신이 나 있는데, 나는 당신 말만 믿고 일찍 집을 팔았다가 손해 본 거 아닙니까?" 하면서 부동산 하락과 경제 위기를 외친 전문가들에게 강하게 따지는 사람도 있다고 한다.

하지만 숫자와 통계는 알려주고 있다. 분명 멀지 않은 시기에 엄청난 변화가 찾아온다고. 누군가에게는 삶을 통째로 흔들어버릴 위기가 될 수도 있고, 누군가에게는 일생일대의 기회가 될 수 있는 변화가 올 거라고.

내가 하고 싶은 말은 변화의 시기에 모든 것을 다 바꾸고, 다 버리고, 다 팔라는 이야기가 아니다. 적어도 살아남기 위해서 가장 먼저 해야 할 일과 앞으로 다시 기회를 잡기 위해서는 어떤 준비를 해야 하는지 진지하게 고민하고 행동에 옮겨야 할 때가 지금이라는 것이다. 이제 시간이 별로 없다. 우물쭈물하다가는 결국 엄청난 쓰나미에 휩쓸릴지도 모른다. 둘 중 하나다. 쓰나미를 피해 높은 산으로 가거나 쓰나미에 정면으로 맞서서 바다 한가운데로 나가거나.

지금의 소비를 점검하고 저축을 늘리고 빚이 되는 요소를 없애는 것, 현금자산을 최대한 확보해두는 것이 다가올 위기에 대한 준비이며, 그 준비를 통해 새로운 기회를 잡는 것은 변화에 정면으로 맞서 도도한 변화의 흐름에 올라타는 일이다.

나는 강조하고 또 강조했다. 너무 강조해서 지겨울 수도 있지만 그만큼 간절하고 절박한 것이 현실이다. 나는 매일 숫자를 들여다보고, 그래프의 변화를 보고, 많은 사람들을 만나고 연구하고 고민하고 정리했다. 범인 잡는 형사의 감 같은 것이 절대 아니다. 숫자가 우리에게 보여주는 예지다. 그러니 부디 다가올 거대한 변화의 파도에 휩쓸리지 말고, 기회를 잡아 지금보다는 조금 더 행복하고 조금 더 경제적으로 자유로운 삶을 누릴 수 있기를 기원한다.

여러분 모두 이 책을 통해 위기에 대비하는 현인이자, 기회를 잡는 현자가 되기를 진심으로 바란다.